表参道のセレブ犬と
カバーニャ要塞の野良犬

若林正恭

目次

キューバ

ruta 1　ニューヨーク

２０１４年2月初頭、スーパーボウルのロケでぼくはニューヨークにいた。生まれて初めてのニューヨークだった。ニューヨークのタイムズスクエア、ブロードウェイ、ウォール街を歩いた。タイムズスクエア周辺には、日本では見ないようなド派手な広告ビジョンがひしめいていた。

広告からは、

「夢を叶えましょう！」

「常にチャレンジしましょう！」

「やりがいのある仕事をしましょう！」

と、絶え間なく耳元で言われているような気がした。もしも「無理したくないんだよね……」などと言おうものなら、目の前で両手を広げられて「Why?」と言われそうだ。

ニューヨークはどこに行っても金とアドレナリンの匂いがした。

名所に行くと、入場する前に必ず係のアメリカ人に「Let's enjoy！」と言われ、握手やハイタッチを求められた。それが、ぼくの心の中に僅かに存在する「エンジョイしたい」という気持ちをことごとく粉砕した。

自由の女神を見に行くために船に乗ってハドソン川を進む。船のデッキの手すりに頬杖をつきながら、ウォール街の高層ビル群を眺めていた。

「お見事！」と言えばいいのだろうか？

なんと言えばいいかわからなかったし、自分でもどう感じているのかよくわからなかった。

そして奇妙な感覚に囚われた。

もしかして、ここから発信されている価値観が、太平洋を渡って東京に住むぼくの耳まで届いていたのではないだろうか？という直感だ。

「やりがいのある仕事をして、手に入れたお金で人生を楽しみましょう！」

「やりがいのある仕事をして、手に入れたお金で人生を楽しみましょう！」

仕事もお金もない時期に、家賃3万のアパートの部屋の中で絶えずリフレインしていたあの声。それは聞けば聞くほど「仕事で成功しないと、お金がなくて人生が楽しめません！」という声に変換されて聞こえてきた。

今だってあの声は常に耳元でリピートしている。もしかして、あの声はここニューヨークが発信源だったのではないだろうか？

「いい歳をして何を今更……」

心の中のメタにそんなことを言われて、視線をニューヨークの高層ビル群から白い泡が漂っている川面に落とす。

船は自由の女神の目の前で停まった。

それを見上げると、ぼくは深い溜め息をついた。

ruta 2　キューバ大使館領事部

２０１６年６月頭。

マネージャーから「今年は夏休みが５日取れそうです」という報告を受ける。５日休みがあると聞いた瞬間、かねてからの念願であるキューバ旅行ができるかもしれないと期待が膨らんだ。

数日後、旅行代理店に赴き、窓口でキューバ旅行について尋ねた。

調べてもらっている間に、窓口のおねえさんに「なぜキューバに行こうと思ったんですか？」と聞かれた。今日会ったばかりの人に事細かに説明することもないなと、適当に答えることにした。

「アメリカと国交が回復して、今のようなキューバが見られるのも数年だと聞いたからです」

テレビ番組のキューバ特集で流れていたナレーションをそのまま拝借した。

「キューバに行かれる方は、みなさんそうおっしゃいます！」

窓口のおねえさんはそう言いながら、表紙に「キューバ」と書かれた光沢感のあるパンフレットを開いた。

「ツアーは4泊6日からで、3泊5日はやっぱりないですね〜」

弾丸ツアーでもいいので、無理矢理3泊5日で組んでもらえないか頼んでみた。組めないこともないのだが、キューバは今旅行先として世界中で人気なので、そもそも往復の飛行機の座席がすでにないとのことだった。


やはり2ヶ月前の予約では厳しいかと、肩を落としながら旅行代理店を後にした。それでも「キューバに行きたい！」という気持ちがなかなか消えない。喫茶店に入り、スマホで航空券予約サイトを検索してみた。すると、羽田からハバナまでの往復の飛行機の空席がなんと1席だけあった！

何者かに「行け！」と言われているような気がした。

何かにつけて引っ込み思案の自分には珍しく、ぼくの指先はどんどん航空券の予約作業を進めていく。スマホの画面をタップする度に、自分とキューバの距離が縮まっていく。そして「申し込み」というカーソルをタップした。

「予約作業が完了しました」という文字がスマホの画面を占領した。

航空券を予約した後、ネットで慌ててホテルを探した。航空券が取れていてもホテルが取れなければ話にならない。出発日の2ヶ月前ぐらいだったので、ホテルの空室もとにかく見つからなかった。ホテルの口コミサイトのランキングの上位から見ていったのだが、満室の表示ばかりだった。

探し始めて数日、サラトガというホテルに1室だけ空きがあることを発見した（サラトガはハバナでも名の知れたホテルなので、もしかしたらキャンセルが出ていたのかもしれない）。

すぐさま予約した。

ネットに疎いぼくは、日本から遠く離れた国であるキューバのホテルにMasayasu Wakabayashiが泊まりにいくということが、スマホひとつで成立することに驚いていた。

後日、ホテル予約サイトから確認のメールが来た。メールの文面通りに、バウチャーをプリントアウトしたのだが、こんなペラ一枚でキューバのホテルに泊まれるのかと少し不安になった。

航空券とホテルの予約が済むと、キューバのガイド本を求めて本屋に行った。ガイド本を買ってコーヒーショップで何気なく読んでいると、キューバに入国の際にツーリストカードというものが必要だということを知った。それを大使館まで取りに行かなければばいけないのだ（郵送もある。取りに行くよりは割高）！

数日後、空き時間にキューバ大使館領事部に向かう。

赤羽橋駅で電車を降りてスマホのGoogleマップを見ながら数分歩くと、現在地と目的地のマークが重なった。だが、周囲にキューバ大使館らしき建物が見当たらない。大使館といえば鉄の格子の大きな門があったりするのだろうとキョロキョロしていると、何の変哲もない白いビルの1階に自動ドアがある。その横の壁面に張り付けられた看板を見ると「キューバ共和国大使館領事部」と書いてある。随分簡素で事務的な匂いのする建物で、イメージとはだいぶ違った。中に入ると、雰囲気も広さもこぢんまりとしていた。調剤薬局のようだ。カウンターに中年の日本人女性が一人座って何やら作業していた。

「あの、ツーリストカードを発行してほしいんですけど」

「申請書に記入してください」

「あ、はい」

記入台に行き、記入例に従って必要事項を書き込む。書類を提出して、お金を払う。

「少々、お待ちくださいね」

椅子に座り、マガジンラックに差し込まれていたキューバの写真集を手に取った。趣のある建物の前で満面の笑みを浮かべたり、楽しそうに楽器を演奏しているキューバ人の写真に胸を躍らせていた。ぼくもキューバに行ったら、こんな明るいキューバ人と触れ合うことができるのだろうか。

ワクワクしながら想像を膨らませていると、キューバ人と見られる青年と中年男性の2人組が入ってきた。

スペイン語だろうか？

大きな声で、とても速いテンポで会話をしている。

度々、大きな笑い声が室内に響き渡る。

ガイド本で読んだのだがキューバ人はとても明るく陽気らしい。

それも大きく頷けるテンションの高さだ。

楽しいのは何よりなことだ。

何よりなことだけど……、ちょっとうるせぇな。

どんな話題で話したらあんなにずっとバカ笑いができるのか、聞いてみたいほどの声のでかさだった。

ぼくはハッキリ「うるせぇな」と不快に感じてしまった自分に若干引いていた。もしかして、ハバナはこんなテンションの人だらけなのだろうか？

キューバ旅行、楽しめるかな。
やっぱり宮古島にした方が良かったかな？
ぼくは急に不安になった。

（ruta 2.5）　家庭教師

1年前から家庭教師を雇っている。

年齢もアラフォーだというのに、ニュース番組を見ても全く理解できないことが恥ずかしくなって家庭教師を知り合いに紹介してもらった。家庭教師といっても、授業をしてもらうのはほとんどカフェだから正しくはカフェ教師というのかもしれない。ニュースをわかりやすく解説してもらったり、ぼくの疑問に丁寧に答えてもらったりしている。40の手習いだ。

家庭教師は東大の大学院生で、授業を受けていても溜め息が出るほど頭がキレるし、もちろん知識もある。

授業は大体ぼくのしょうもない疑問から始まる。

「格差社会と言われ始めたのはいつ頃でなぜか？」

「なぜブラック企業が増えたのか？」

「なぜ交際相手にスペックという言葉が使われるようになったのか？」

授業が始まった頃、それらの疑問を投げかけたぼくに家庭教師は「若林さん、世界史の教科書の産業革命以降を読んできてください。あと、経済学入門と日本史の教科書の戦後以降も。授業はそれからです」と言った。ぼくは、学生時代めちゃめちゃ成績が悪く、学年でも下から2番目を取ったことがあるほどだった。高2から高3は本来留年するる成績のところを、土下座して頼み込みなんとか進級したようなものだ。なので、ほとんど初めて世界史と日本史の教科書を真面目に読んだ。

特にぼくの興味を引いたのが戦後以降について教わっている時だった。戦後の高度経済成長を経て近代化を成し遂げた頃、この国の国民は1億総中流と言われていた。それは年功序列や終身雇用といった「日本型経営システム」に支えられていた。となれば、なるべく良い会社に入れれば安定した人生を送れるという価値観が根強いのは頷ける話だ。

小学6年生の時に、中学受験のために親友のSくんと塾に入った。最初にクラス分けのために学力を測るテストがあった。頭の悪い順でAクラスからZクラスまでクラスがあった。ぼくはBクラスになり、Sくんは Sクラスになった。

塾に通い始めた頃は一緒に行き帰りしていた。だが、次第に授業終わりに待ち合わせるのが面倒になり別々に帰るようになった。親友は「親友」から「SクラスのSくん」になった。

（それが悲しいなら、お前が勉強してSクラスに上がればよかったんじゃないの？）

受験が終わり、ぼくは杉並の私立校に通うことになった。Sくんは都内でもトップクラスの進学校に合格した。別の友達のMくんは、やはりぼくより偏差値の高い学校に合格したと言っていた。

「へぇ、すごいな〜」

小学校の卒業式に、クラスメイト全員分の進学先の中学の校名が綴られたプリントが配られた。Mくんの進学先には学区外の公立の中学の校名が記されていた。Mくんはプリントを持ったまま俯いていたし、校庭でみんなで写真を撮っていたがそれには参加せずに帰ってしまった。

「なぜ、嘘をついたのだろう？」

ぼくたちは誰に競争させられていたのか、今ようやくわかった。

バブル崩壊以降、終身雇用や年功序列は徐々に前時代的なものとなった。

資本主義が競争と成長を基本原理にしていることはこんなぼくでもなんとなく知って

いたけど、新自由主義（※）という言葉はこの歳になって初めて家庭教師に教わった。ぼくが「日本型経営システム」に対抗して漫才師になろうとするかどうかに関係なく、それは崩れつつあった。

そして、世の中には成果主義の時代がやってきていた。

「勝ち組」「負け組」という言葉が使われるようになった頃のことをなんとなく覚えている。

20代半ば（2004年頃）に、友達の誕生日会が借り切ったバーで開催された。

友達に誘われたけどぼくはお金がなかったので断った。

「じゃり（ぼくの高校時代のあだ名）は会費はいいから来てよ！　みんなも喜ぶから！」

その言葉に甘えて参加することにした。ぼくはなけなしの金でスターバックスのタンブラーのプレゼントを買ってバーに行った。みんなの服装は学生時代より大人になっていた。メンバーの一人はプライベートの時間だというのに社員証を首から下げていた。その時はAppleがどういう会社なのかぼくは知らなかった。

会が始まり、プレゼントの包み紙を剝がしてはプレゼントをみんなで見る品評会が始まった。ブランド物のハンカチ、ブランド物のベルト、学生時代より、だいぶ金銭的なレベルが上がっているプレゼント達にぼくは冷や汗をかいた。ぼくのタンブラーが包み紙の中から顔を出した。明らかに盛り下がる場の空気。リアクションに困っている友人たち。それ以来、そのグループの集まりにぼくは参加しなかった。

(お前はプライドが高かったからな)

「違う。またクラス分けがあっただけだ」

20代。

ぼくの部屋にはエアコンがなかった。エアコンというものがこの世に誕生する前、エアコンがないことが辛くて自殺した人間はいるだろうか？

ぼくはエアコンがないことが辛いのではなくて、エアコンをほとんどの人が持っているのに、自分が持っていないことが辛かった。

(それはお前が自分の意思で参加した競争で敗者だったからだろ？)

ぼくは同じようにエアコンがないアパートに住んでいて、同じように事務所で孤立し

※「新自由主義」とは…政府の積極的な民間介入に反対するとともに、古典的なレッセ・フェール（自由放任主義）をも排し、資本主義下の自由競争秩序を重んじる立場および考え方。（『大辞林　第三版』より）

ていた佐藤満春という男と仲良くなった。

（エアコンが欲しければ、競争の中で勝ってエアコンを手に入れればいいんだよ。それ以上でも以下でもないよ。言い訳をするな。もしくは……）

「もしくは？」

（エアコンを持っていないことを、持っている人に笑ってもらえば無敵だよ）

「……なるほど」

２００８年の元旦、ぼくは初めてテレビで漫才を披露した。

その年の暮れ、漫才の大会で運良く好成績を収めることができたぼくらは２００９年のテレビ出演本数で1位になった。雑誌のインタビューの時、こんなにも自分の話を聞いてくれる人がこの社会にいるんだと驚いた。コンパに行っても見向きもされなかった自分に、モデルの女が会いたがっているから飲み会に来てくれという誘いがあった。加湿器を買いに行ったら、タダでアイロンを貰った。昔、風呂なしのアパートを借りに不動産屋に行った時、鍵を放り投げられて「これで内見してきて」と言われたことがある。だが、収入が増えてオートロックの部屋を探す時にはコーヒーが出てきた。

この世を一言で言うならば、「オートロックのマンションを探す時には不動産屋でコーヒーが出てくる世界」だ。

ぼくがエアコンのあるマンションに引っ越して数年経った頃、かつて、タンブラーで場の空気を冷やしてしまった誕生日会のグループの一人が結婚した。

ぼくは二次会に呼ばれた。

迷ったが、参加することにした。今なら劣等感をパスしてみんなと普通に話せる気がしたからだ。青山のバーを借り切って行われた二次会で、ぼくは10年ぶりにそのグループの仲間たちと会った。

少し恰幅のよくなっている男たち。

子供を抱えている同級生の女たち。

席に着き仕事の話をしていると、一人の女が「CMとかもやってるから、稼いでるでしょ〜？」と茶々を入れてきた。どう答えるか迷ったが、謙遜すると余計に嘘くさくなりそうなので「まあね〜」と大げさにおどけてみせた。少しは場が和むかと思ったが、場はかつてタンブラーのプレゼントを出した時と全く同じ空気になった。

（難しいもんだよな）

Appleの社員証を首から下げていた男の首にはもう社員証はなかった。だけど、二次会が終わって外に出ると、会場の前に外車に乗った奥さんが迎えに来ていた。

２０１７年現在、モデルの人がぼくに会いたがるなんていう話は跡形もなく消え去った。ガールズバーの女の子をアフターに誘っても９割方断られる。


ぼくの違和感。胸に秘めざるを得ない疑いの念。

ブラック企業が増えたこと。

「スペックが高い」という言葉が人間に使われること。

「超富裕層」「格差」「不寛容社会」。

勝っても負けても居心地が悪い。

いつもどこでも白々しい。

持ち上げてくるくせに、どこかで足を踏み外すのを待っていそうな目。

祝福しているようで、おもしろくなさげな目。

笑っているようで、目が舌打ちしている。

(お前もそうだろ?)

だから、ぼくは仕事の関係が好きだ。お互いに「良いもの」を作るという共通目標がある関係性には意外と白々しさがない。


小学校高学年になった頃、いつものように公園で野球をした帰り道、５時を告げるサイレンが鳴った後、競争は始まった。

みんなが友達で、みんなが競争相手。

友達の成功。

友達としては嬉しいけど、競争相手としては悔しい。

不自然に割れてて、よかったんだ。

自分の心が汚れていると思っていたけど、

(それが一番大きな理由なんじゃないの？)

「お前のせいでもあるよ」

(……)


新自由主義。

ぼくは20代の頃の悩みを宇宙や生命の根源に関わる悩みだと思っていた。それはどうやら違ったようだ。人間が作ったシステムの、一枠組みの中での悩みにすぎなかったのだ。

「ちょっと待って、新自由主義に向いてる奴って、競争に勝ちまくって金を稼ぎまくりたい奴だけだよね？」

カフェを出て家庭教師と別れた後、ぼくは走り出したい気分だった。

「やった、やった、やった！　宇宙や生命や神様の思し召しじゃなかった！」

「新自由主義の思し召しだった！」

「このシステムの中で、向いている性格が限定されていた！」

「お前も、お前も、お前も競争相手！　ははははは！」

日本に新自由主義は今後ももっと浸透していくと頭の良い人が本に書いていた。おまけに、ＡＩが普及するとさらに格差は広がるらしい。

「超富裕層の資本家になる準備はできてる？」

「富裕層ではないけど、それなりに人生を送る準備はできてる？」

〝みんな〟が競争に敗れた者を無視してたんじゃなくて、新自由主義が無視してたんだ。

「なんだ、そんなことだったのかよ！」

ぼくは家に帰って本棚から自分の著書『完全版　社会人大学人見知り学部 卒業見込』を取り出し「おい、お前の悩みは全部人が作ったシステムの中でのことだったぞ。残念だったな！」と言葉をかけた後、ひとつの儀式としてゴミ箱に捨てた。

では、これがただのシステム上の悩みだったとして、他のシステムで生きている人間はどんな顔をしているんだろう？　東京も、ニューヨークも、ソウルも、台北も、スターバックスとマクドナルドがあって、みんな同じ顔をしていた。

とにかく、このシステム以外の国をこの目で見てみないと気がすまない。このシステムを相対化するためのカードを一枚手に入れるのだ。

考えるのはその後だ。2枚のカードを並べて、その間のカードを引いてやる。

ぼくが経験したことのないシステムの中で生きている人たちで、なおかつ陽気な国民性だといわれている国。

キューバ、キューバ、キューバ。


「先生、知ることは動揺を鎮めるね！」

「若林さん、学ぶことの意味はほとんどそれです」

El Primer Día

１日目

ruta 3　キューバ行きの飛行機

出発の前日。

夜の仕事から帰宅して荷造りを始めた。ガイド本のチェックリストにペンで印を打ちながらトランクに荷物を詰め込んだ。最後に、向こうで出会うキューバ人にプレゼントするつもりのキットカット抹茶味をトランクに押し込んだ。

どんなキューバ人にプレゼントすることになるだろうか。

荷造りを終えてベッドに入ったが、興奮して眠気はなかなかやってこなかった。目を開けたまま天井を見ていた。

「キューバに行く」とマネージャーに伝えるととても驚いていて、「後輩を一人連れていってくれませんか？」と頼まれた。

「あぁ、でも飛行機1席しかなかったから多分もうチケット取れないよ」

マネージャーは、不満そうな顔をしていた。便や日にちをずらせば何とかなったかもしれなかったけど、ぼくはキューバに一人で行かなくてはいけない理由があった。

夏休みが近くなると、スタッフさんや共演者の方に「休みはどっか行くの?」と収録現場でよく聞かれる。「キューバに行くんですよ」と答えると、そんなに?と思うほどびっくりされた。多分、ぼくにインドアなイメージがあるからだろう。一人旅で行くと言うとさらに驚かれた。だが、ぼくは「この国でインドアだからこそキューバに行くんだろうな」と思った。

「キューバって安全なの?」とよく聞かれたが、キューバは中南米の国の中では群を抜いて治安が良い。キューバ危機や社会主義の国のイメージが、危ない国の印象になっているのだろう。

出発当日。

目覚ましアラームの設定時間よりだいぶ前に目を覚まし、少し早めに家を出た。トランクを車に積み込み、エンジンをかける。なぜか息を殺しながらハンドルを握っている自分がいる。海外旅行に行く、というよりはこの街から逃亡するような心境だった。

羽田空港に着き、駐車場に車を入れる。トランクを転がしながら、エレベーターホールに向かって歩く。

振り返ると自分の車がガードレールにつながれた犬のようにおとなしく停まっていた。

国際線の飛行機に一人で乗るのは生まれて初めての経験だった。エア・カナダでまずはトロントへ。トロントでハバナ行きの飛行機に乗り換えて、合わせて15時間半の長いフライトだ。

エア・カナダのカウンターで搭乗手続き。早々と心拍数が上がっている気の小さい自分。カウンターで必ず聞いておこうと思っていたのが、預けた荷物をトロントでピックアップせずに羽田から直接ハバナまで持っていってもらえるかどうかである。聞いてみるとハバナまで直接運ばれるとのこと。逆に、帰りのハバナから羽田まではどうかと聞くと、それはハバナの空港のカウンターで聞いてくれと言われる。ハバナの空港ならスペイン語で聞くことになるが、果たして通じるだろうか？

まあ、その時はその時か。

こういうことは、普段の海外ロケなどではスタッフやマネージャーが確認してくれているものなんだな。と、知らず知らずのうちに甘やかされていることを反省する。

キューバに着いてから日本円でキューバペソに換金できるか不安だったので、日本円をカナダドルに換金しておいた。そして、搭乗手続きをして出国審査を受け搭乗ゲートに向かって歩く。出発まで時間があるので、待合室のソファに腰を下ろした。すると、一人の女性がぼくの方に向かって歩いてきた。

「若林さん、これからキューバですよね？」

突然、小声で話しかけられた。

「え？」

「あの、私リトルトゥース（オードリーのラジオ番組のリスナーのこと。恥）です」

そういえば、ラジオでキューバに行くと話したことを思い出した。

「ラジオ聞いてくれたんですか？」

「はい。そうなんです。気をつけて行ってきてくださいね」

「ありがとうございます」

綺麗な女性だったので、ロビーの柱の陰で抱きしめてほしいぐらいには不安だった。


搭乗時間が来た。ボーディングブリッジを歩き、飛行機に乗り込みチケットに記載されている自分の席に座る。これから15時間半の空の旅だ。スマホの機内モードをオンにすると、同時に自分とこの国をつないでいるクラッチが切れた感触があった。ウェルカムドリンクのオレンジジュースを飲みながら、ぼくは『アルゴ』という映画を思い出していた。イラン革命の時にアメリカ人がイランから脱出する模様を描いた映画だ。その映画では、アメリカ人はバレないようにカナダ人に変装して飛行機に乗り込む。その離陸シーンを思い出していた。

しばらくして、搭乗口のドアが閉まり飛行機がゆっくりと動き出す。抜き足差し足で機体は滑走路に入る。管制塔の離陸のゴーサインを待っているようだ。突如、飛行機が加速して背中ごと背もたれに押さえつけられる。怒りで唸っているようなエンジン音が機内に響き渡り、速度がぐんぐんと上がっていく。

ぼくは飛行機に向かって「行け、行け、行け！」と念じていた。ものすごいスピードで空港のビルが後ろに押し流されていく。それに重なってぼくの嫌いな言葉も進行方向からフェードインしてくる。「コミュ障」「意識高い系」「スペック」「マウンティング」「オワコン」……。どの言葉にも冷笑的なニュアンスが込められていて、当事者性が感じられない。それらの言葉も、ものすごいスピードで後方にフェードアウトしていく。

5日間、この国の価値観からぼくを引き離してくれ。同調圧力と自意識過剰が及ばない所までぼくを連れ去ってくれ。

タイヤが宙に浮いた感触がなんとなく伝わってきた。離陸した機体の高度はぐんぐん上がっていく。眼下に東京湾沿岸が見えた。陸地は全体的に灰色をしている。機体が雲をつき抜けた。機内は徐々に水平となり、しばらくするとシートベルトサインが消えた。

スマホを取り出し、イヤホンを耳に差し込む。予めダウンロードしておいたキューバ音楽の再生ボタンを押した。

ぼくは今から5日間だけ、灰色の街と無関係になる。

ruta 4　トロント

トロントまで12時間。

機内食を食べている時間以外は、ガイド本を読んだり、ポータブルＤＶＤプレイヤーでカストロのドキュメンタリーやゲバラの映画を見て過ごした。カストロのＤＶＤは何作品か見たのだが、アメリカが制作したある作品ではまるで悪の提督のように描かれていた。そして、ヨーロッパの国が制作した作品では気さくかつ正義感溢れるヒーローとして描かれていた。作り手の違いによって、同じ人物でも印象が全然違う。どちらも、カストロの一面であり一面でないのだろう。


機体が東京から離れれば離れるほど、頭の中のつまらない煩《わずら》い事も離れていく。自分と頭痛の種の距離は、物理的な距離と比例する。だから、ぼくは旅行が好きだ。

そんなことを言いつつ、機内で第１５５回芥川賞作品の『コンビニ人間』を読んでどえらい衝撃を受けたので、それをきっかけに現代日本のことをぐるぐると考え始めてしまった。ぼくが読んできたこれまでの小説の中では、コンビニで働く主人公は「そこから抜け出そうともがく」存在だった。だが、ついにコンビニで働くことで救われる主人公が現れてしまった。

その生き方は、新自由主義に対してのサバイバル方法のひとつに映った。日本ではまもなく「勝ち組」と言われる上位数％に食い込もうとすることが、「ダサい」ことになってしまうのではないだろうか。いや、もしかしたらもうそうなりつつあるのかもしれない。

本を読んだり、DVDを見たり、寝たり、なんとも贅沢な時間だった。12時間はあっという間に過ぎ、飛行機は着陸態勢に入っていた。

トロントに着陸だ。

昔、アメリカのコメディ番組で「カナダには自然しかない」と漫談で語っていたコメディアンがバカウケしていたのを見たことがある。窓から眼下に視線をやると、それも頷けるほど延々と緑が広がっていた。しばらくして「街っぽくなってきたな」と思うとすぐに飛行機は着陸した。機内が寒かったのか、のどがやられてボロボロだった。12時間のフライトで血行の悪くなった下半身を引きずりながら飛行機を降りる。トロントの空港はアメリカの空港と雰囲気が全く一緒だった。ダラスの空港によく似ている。ここで、ハバナ行きの飛行機に乗り換える。看板に書かれている英語を、スマホのGoogle翻訳で日本語に変換しながら進む（Google翻訳はオフラインでも機能するのでこの旅では本当に助かった）。ネットの悪いところに目の行きがちな自分だが、こうして便利な部分だけはガンガン利用しているので文句は言えない。意外なことにトランジットでも、途中で国際線乗り継ぎ審査のチェックがあった。事前には知らなかったので、そんなことだけでドキドキしてしまう。待ち時間は2時間弱の予定だったのだが、飛行機の到着が遅れて出発が1時間ほど遅延するとのことだった。初めての一人旅でトロントの空港にいることが初めは心細かったが、それにも段々飽きてきた。空港内をうろちょろとして「だから、アメリカの空港とあんま変わんねぇな」と思った後、奥の空いているベンチに横になった。そして、ロビーの搭乗客を眺めながら「なんで白人はスパッツ一丁で飛行機に乗るんだろうな。もう一枚なんか履けよ」と、どうでもいいことを考えていた。

1時間遅れで、ようやく搭乗のアナウンスが聞こえた。この機体でハバナの空港に着いたら、予約していたホテルまで一人でタクシーに乗らなければならない。初めての一人旅で、しかもそれが治安が良いとはいえ中南米の国となるとやはり不安だ。ただでさえ到着時間は深夜なのに、1時間の遅延で更に不安が増す。トロントからハバナまでの飛行機は、羽田からトロントまでの飛行機と比べるとだいぶ小ぶりだった。東洋人は見当たらず、観光客らしき白人が多く見受けられた。トロントを飛び立ちハバナまで。CAさんは1人だった。飛び立ってからはすぐに寝た。そういえば、機内サービスはあったのだろうか？　すぐに寝てしまったので気づかなかった。目覚めると飛行機は着陸態勢に入っていた。眼下に深夜の黒い海に浮かぶキューバの島が見えてきた。

日本とは比べものにならないほど明かりが少ない。

夜に経済活動をするための明かりではなく、眠るまでの明かりであることが上空からでもなんとなくわかる。

空の上からでもキューバが資本主義ではないことが伝わってくる気がした。

不気味なダークホース感。

機体が暗い滑走路に吸い込まれると、乾いた衝撃が腰から伝わってきた。速度を落としゆっくりと自走する飛行機は、あまり整えられていない芝生の間の誘導路を進んでいく。

ついにキューバに到着した。

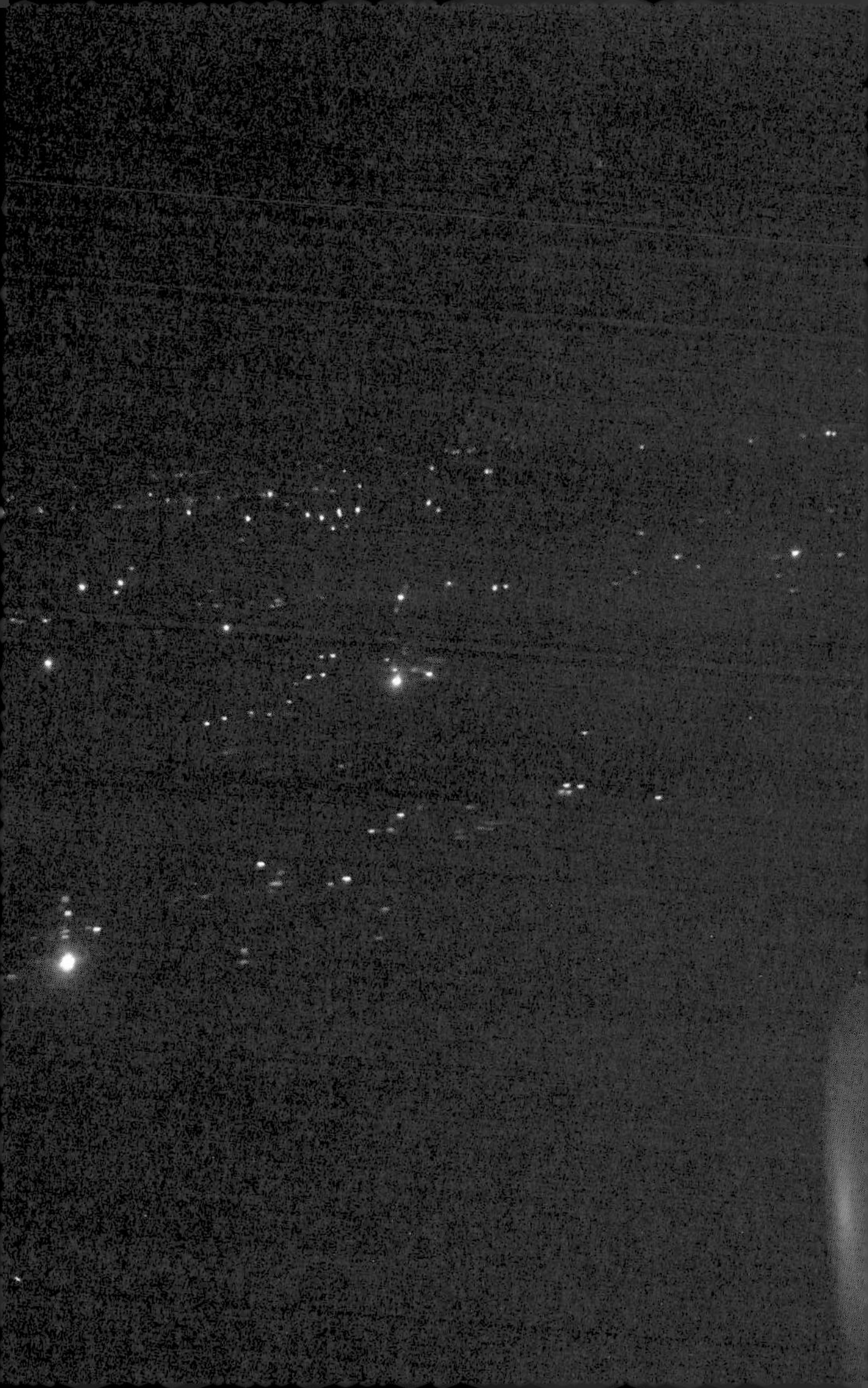

ruta 5　ハバナ空港からホテル・サラトガ

機体の鼻先が、空港ビルに近づくとエンジンが止まった。ホセ・マルティ国際空港。固まった腰が長かったフライトに抗議の意を表している。搭乗口を出てボーディングブリッジを歩く。蒸し暑い空気が機内のエアコンで冷やされた体の強張りをほぐしていく。空港内は真っ赤な鉄骨を使った大胆なデザインで、ガラスはトロントや羽田と比べると随分と汚れていた。大きさは日本の地方空港ぐらいだろうか。内装や備品はだいぶ使い込まれた感があった。

長時間のフライトで体は疲れていて頭はボーッとしていたのだが、ハバナの空港の女性職員の制服がかなりのミニスカートなので一気に目が覚めた。そして、全員が網タイツ。過去にミニスカートからパンツに制服が変更されそうな時があったらしいのだが、女性職員から猛抗議を受けて、ミニスカートは生き残ったらしい。パンツでもよいのだが、ほとんどの女性職員がミニスカートに網タイツを着用している。なんて素晴らしい国なのだ！

長いフライトですっかりのどが乾燥していたのだが、まだキューバの通貨に換金できていないので水が買えなかった。トロントで水を買っておくべきだったと後悔する。入国審査で、海外旅行の保険の加入証明書とツーリストカードの提示が義務づけられているとガイドブックに書いてあった。社会主義の国なので入国審査は入念にやりそうなイメージがあった。審査官にスペイン語でいろいろ質問されたら聴き取れるだろうかと不安だったが、審査はあっさりとしたものだった。アメリカなどに入国する際に怪しまれるので、パスポートにはスタンプを押されないという噂を聞いていたのだがスタンプはしっかり押されていた。国交が回復してそのあたりも変わってきたのだろうか？（ちなみにこの後アメリカに行った時も、スタンプについては何も聞かれなかった）

キューバのガイドブックにロストバゲージした話が書いてあったので少し不安だった。所々ガムテープで補強されたワイルドなベルトコンベアーは「ガコン……ガコン……」と荒々しい音を立てている。

しばらくすると、ベルトコンベアーはぼくのトランクをおとなしく運んできてくれた。

トランクを引きながら空港の外に出る。

南国特有の生暖かい風と排気ガスの匂いが鼻の奥に流れ込んできた。エンジンの性能が最先端ではないのだろう、排気ガスの匂いがかなり強い。

目の前に、クラシックカーのタクシーが何台も並んでいた。運転手たちは、客待ちの暇つぶしに車の外に出て立ち話をしている。その奥に見える駐車場にも色とりどりのクラシックカーがズラーッと並んでいた。ガイドブックや旅行番組でたくさん見たはずなのに「クラシックカーだらけというのは本当なんだな……」と、あらためて実感した。クラシックカーの野太いエンジン音が空港の車寄せに響き渡っている。それを見ただけで、この国が最新の輸入車を受け入れない代わりに守ってきたものが伝わってくる。

この時点で、ぼくの感性の中学生の部分はビリビリに痺れていた。

「海外ではGoogleマップを見ながらタクシーに乗って、ホテルまでの道から外れていないか確認しながら乗るといいよ」と日本で教えてくれた人がいるのだが、キューバはネットの電波が飛んでいない。電波は観光客相手の高級ホテルや一部の施設に限られるので、街中ではほとんどネットが使えない。ぼくは、タクシーの列の横を運転手一人一人の顔と体格をよく見ながら歩いた。なるべく細くて背が低くて、高齢の運転手を探した。もしものことがあった時に、腕力でなんとか勝てそうな運転手を選ぶのだ。幸い、キューバは銃社会ではない。体力的に勝っていれば命まで取られることはないだろう。

同性を動物として勝てるかどうかで見るのは久しぶりだった。

痩せていて、顔に生気のない高齢の運転手を見つけた。こういう言い方は何だが、丁度いい。ドキドキを抑えつつ、なるべく自然な笑顔を意識して「オラ！」とあいさつする。運転手は、僅かに微笑みながら「Hola……」と視線をこちらに向けた。ぼくは、ドア越しにスペイン語の本の「タクシーに乗せてもらえませんか？」という部分を指差して、ホテルの住所が載っている紙を見せた。運転手は、それを手に取って見ると軽く頷いた。そして、運転席から降りてくると荷物をトランクに入れてくれた。手際の良さに、安心しかけるがまだ油断はできない。ブロロロロ……。趣のあるエンジン音を響かせて、タクシーが走り出した。

ぼくは後部座席から「少しでも変な動きをしたらドアを開けて逃げるぞ」と運転手の後頭部を睨みつけながらドアノブを握っていた。道路が日本のように綺麗に舗装されていないのだろう、ゴロゴロと音を立てながらクラシックカーのタクシーは行く。外を眺めると道路脇の街灯がとても少ないことに気づく。空港の近くだからか、まだ建物は見えない。南国特有のワイルドな植物が暗闇の中に潜んでいるのがなんとなく見える。走ること20分、だんだん建物が増えてきた。後頭部を睨みつけることを忘れて、外の風景にすっかり夢中になっていた。

キューバの古びた建物達。マクドナルドやスタバやコンビニの看板が見当たらない。たまに、飲食店があるのだが、店はとても小さく鉄格子の間から食べ物を受け取っているのが見える。ハバナの旧市街に入ったのだろうか？　路上のキューバ人が増えてきた。旅行番組で見たような石造りの建物が橙《だいだい》色の街灯に照らされている。テーマパークの中を走っているような感覚になるが、作り物ではないマジさが建物の壁に年輪のように刻まれていた。

空港から30分。キューバの街並に目を奪われていると、タクシーが速度を落として道の脇に停まった。ホテルに到着したのか？　運転手が振り返り「Saratoga」とホテル名を言ったのが聴き取れた。運転手がトランクを取り出して、後部座席のドアを開けてくれた。

「よかった。無事着いた」

こうなると疑っていたのが急に申し訳なくなってくる。安心した勢いで「なんて親切な運転手さんなんだ」と手の平返し。運賃を払い、荷物を受け取る。疑っていた分チップを多めに払うと、運転手はようやく笑顔になった。

ホテル・サラトガの外観はクラシックデザインのとても美しい建物だった。ホテルのドアボーイが背の高い玄関の扉を開けてくれた。中に入ると、ホテル内は天井が高く1

880年代に建てられたというだけあって歴史を感じる格調高い雰囲気だった。フロントデスクの女性にホテルの予約内容が記されているバウチャーを見せる。ホテル職員はそれを見ながらパソコンのキーボードを無表情でタイピングしている。「こんな紙一枚で本当にチェックインできるのだろうか。予約に不備がなければいいけど」と、ドキドキしながら待っていると、女性は引き出しからエンジ色の折りたたみ式のカードケースを出した。それにカードキーを差し込んで手渡してくれた。

よかったー。チェックインできた！

「グラシアス！」

笑顔で言ってカードケースを受け取り、エレベーターホールに歩き出す。カードケースにはWi-Fiのパスワードも書かれていた（キューバではWi-Fiがつながるホテルは数少ない。電波をこっそり使うために夜になるとホテルの周りにはスマホを持ったキューバ人がたくさん集まっていた）。

エレベーターから降りると、廊下には赤い絨毯が敷き詰められていて木製の趣のある部屋のドアが並んでいる。自分の部屋のドアにカードキーをかざしてノブを回す。トランクを引っ張り込んで、電気をつける。アンティーク調の家具にセラミックタイルの床。

「かっこいい部屋！」

天蓋付きのベッドが一つ置いてあるクラシックホテルならではといった雰囲気の部屋だった。窓から下をのぞくと、外の道に駐車している深い緑色のクラシックカーのルーフが見えた。ベッドに俯《うつぶ》せになる。

「はぁー、無事にホテルまで着けた……」

疲れて重くなった体が底なし沼に嵌《はま》ったかのようにベッドに沈み込んでいく。シャワーを浴びに行きたいのだが、体からは起き上がる気配がしてこない。

体は疲れているのだが、心は興奮している。

仰向けになり天蓋の模様を眺めていると、睡魔がやってきて興奮を徐々に飲み込んでいった。

El Segundo Día

2日目

ruta 6　サラトガの屋上

部屋の天井の模様を見て我に返った。

「あぁ、そうだキューバに来てるんだ」

電気をつけっぱなしで寝てしまっていた。時計を見ると朝の5時だった。


朝食まではまだまだ時間がある。窓の外を見ようとしたが、やめた。ホテルの屋上へ上がって、そこで初めてハバナの街並を眺めようじゃないか。部屋を出て、廊下を寝起きのふらふらとした足取りで歩いていく。エレベーターで屋上階へ。降りると、エレベーターホールの奥に扉があった。金色のノブを握りドアを開けると屋上のテラスに出た。白みつつある空、空気は生暖かい。静まり返っている屋上。プールは暇を持て余していて、デッキチェアはまだ眠っている。自分以外に人はいないようだ。街の景色をまだ見ないように顔を下に向け、タイルを見ながらプールサイドを歩く。行き止まりの鉄柵の前で止まり、手すりを掴む。深呼吸した後、顔を一気に上げた。

すると、目の前にこれでもかというほどハバナの街が広がっていた。

まだ薄暗いが、無骨で使い込まれた建物の荒いひしめきが大胆に広がっているのが見えた。その奥にはハバナ湾が寝仏《ねぼとけ》のように横たわっていた。目の前には荘厳な建物がどんと構えている。あれは確か旧国会議事堂、カピトリオだ。ガイドブックで見た。

ニューヨークや東京で見るような近代的な高層ビルはひとつも見当たらない。どの建物も年季がはいっている。まだ仄《ほの》かに残っている街灯の明かり。道路脇に停まっている車はどれもクラシックカーだ。だいぶ先の汚れた煙突からは真っ黒い煙が吐き出されていて、海の方角へふらふらと漂っている。汚くて古いのに、東京の街並よりも活力を感じるのはなぜだろう。

どのぐらいの時間眺めていただろう。

全然飽きなかった。

しばらくすると、街は太陽の光を浴びて色を伴ってきた。人の声や、車の音、人間が活動する音が徐々に耳にはいってきた。

ぼくは笑っていた。「笑み」というレベルではなくて、口を押さえてほとんど爆笑していた。これはどんな笑いなんだろう。誰かの顔色をうかがった感情じゃない。お金につ

ながる気持ちじゃない。自分の脳細胞がこの景色を自由に、正直に、感じている。今日からそれが３日間限定で許される。なぜなら、キューバに一人で来たからだ。

ruta 7　マルチネス

屋上から部屋に戻った。
興奮して脳からアドレナリンやドーパミンが大量に放出されているのがわかる。シャワーを浴びて気持ちを落ち着ける。意外にも、アメニティのレベルが高かった。キューバが観光業に力を入れているのは聞いていたが、もう少し行き届いていない環境を覚悟していたので驚いた。

これからぼくはさっき屋上から見たハバナの街に進入する。そう思うとワクワクが止まらない。あの、街全体から大国に屈しないプライドが溢れている感じ。ぼくの中学生の部分は全開だった。

その前に腹ごしらえ。サラトガの朝食はバイキング。受付に、シャツのボタンが今にも飛んでいきそうなほど胸の大きい女性スタッフが立っていた。若くて綺麗なキューバ人女性。「キューバ人は元気よくあいさつされると喜ぶ」とガイドブックに書いてあった。日本では絶対しないような作り笑顔で、レストランのスタッフに「ブエノス　ディアス！」とあいさつする。

「Buenos días」

とても美しい笑顔で返されて、逆に居心地が悪くなってしまった。こっちが照れてどうする。

バイキングはパンやハム、チーズ、ポテトと別段キューバならではというものはなく、どの国でもあるような普通の味だった。

ただ、マンゴージュースだけは飛び抜けておいしくて、2杯飲んでお腹がたぷたぷになってしまった（毎朝2、3杯飲んでいた。また飲みたい！）。

一旦、部屋に戻り外出する準備をする。キューバ人のガイドとロビーで9時に待ち合わせをしていた。ガイドと二人っきりで観光をするのも人生初である。人当たりの良い性格ではない自分だが、二人っきりでの行動となればキューバ人の陽気なテンションに「絶対についていこう！」と、心に決めていた。もし、ダンスを促されたら頭のねじをぶっ飛ばして踊る！　モヒートを立て続けに勧められたら迷いもなく飲む！

そんな覚悟でロビーに下りていく。

ロビーに着くとソファに3人のキューバ人が座っていた。どの人だろうとキョロキョロしているとポロシャツを着た真面目そうな眼鏡の男性が近づいてきた。

「……ワカバヤシサン　デスカ?」

「そうです!」

「キョウ　ガイドスル　マルチネスデス」

「あ!　よろしくお願いします!」

驚くほど日本語が上手かった。キューバに着いてから初めて日本語が聞けたので、とても安心したのを覚えている。

「ソレデハ　イキマショウ」


サラトガから外に出ると、まだ朝の9時だというのに陽射しがかなりきつかった。少し歩くとすぐに汗が噴き出してきた。歩き始めたら明るいノリで矢継ぎ早に質問が飛んでくるだろうと身構えていた。しかし、マルチネスは俯きながら無言で歩いている。こちらの出方をうかがっているのかな。

「今日は最初は革命博物館からですよね?」

日本にいる時に見たいコースを事前にメールで送っていた。

「……（こくり）」

無言で頷くマルチネス。

目に入ってくる建造物の数々。クラシックカー。通り行く人。その全てが今まで直接目にしたことがないもので、脳が狂喜乱舞している。すれ違う人は誰もぼくを見ないし、失笑もしない。帽子もマスクもしないで歩くと、コメカミを通り過ぎていく風がとても気持ち良い。旧国会議事堂の前を通った時にスマホで写真を撮っていると、マルチネスがその歴史を説明してくれる。驚くほど流暢な日本語で、口調はおだやかだ。

そして、また歩き出すと二人の間を無言の時間が流れ出す。ハバナの街を歩く興奮と、マルチネスの様子をうかがう気持ちが、心の中で混ざり合ってマーブル模様になっている。

「革命博物館まで何分ぐらいですか？」

「……15フングライ」

また無言。

「暑いですね」

「……オヒルハモットアツクナル」

それから革命博物館に着くまで二人はずっと無言だった。

ぼくは気づいた。

「マルチネス、人見知りだわ」

ruta 8　革命博物館

ホテル・サラトガから15分ほど歩くと、革命博物館に辿り着いた。過去に大統領官邸として使われていたこともあり、荘厳なスパニッシュ・コロニアル様式の建物だった。早く着いてしまったので、10時のオープンまではまだ時間があった。じりじりと太陽が照りつける入り口脇のベンチに、二人で座る日本の人見知りとキューバの人見知り。

依然として会話はない。

間に耐えられず、たまに立ち上がって博物館をスマホで撮影したり、スペイン語で何と書いてあるかわからない看板を読んでいるフリをしたり、博物館の前に展示してある戦車を眺めたり。戦車はおもちゃを拡大したかのような質感で、実際に戦闘に使われていたらしいのだが、うまく想像できなかった。

カストロはこの戦車に乗って、米国ＣＩＡの傭兵らの乗る軍艦を砲撃したらしい。

そして、またベンチに戻る。またもや流れる無言の時間。

（頼む、早くオープンしてくれ！）

だけど、このまま気まずい時間を過ごすのもせっかくのキューバでもったいない。よし！　今日一日はマルチネスをゲストと考えよう。とにかく質問をし続けて盛り上げるぞ！　と、覚悟を決めた。

マルチネスに顔を向け、話しかける。

「日本には行ったことはありますか？」

「……イチドダケアリマス」

「東京？」

「……オオサカトキョウトデス」

「どうでした？」

「……ミジカイジカンダッタカラ……モットイタカッタデス」

「……」

盛り上がらない。再び無言の時間。ぼくは背もたれに体を預けて、革命博物館のどでかいキューバの国旗を見上げた。

博物館がオープンした（やっと！）。中に入って入場料を払う。レジがとてもレトロでいい味を出していた。この建物は革命前はバティスタ政権の大統領官邸だったらしい。

キューバ革命の時に、反乱を起こした学生のグループに襲撃されたので壁面に銃痕が生々しく残っている。これだけ硬い壁に穴が空くんだから、人間の体に当たったらひとたまりもないってことがよくわかる。博物館にはカストロやゲバラが率いた革命軍の写真や所持品が無数に展示してあった。

マルチネスは喋る理由のある場合は、途端に口数が多くなる。必要があれば話すタイプの人なんだな（ぼくもそうだけど）。頭がとてもいいのだろう、信じられないぐらい流暢な日本語で展示されてるものを丁寧に説明してくれる。キューバ革命が題材の映画を何本か観ていたので、展示品を見ると「あの時のあのシーンの写真だ！」とひとつひとつ反応できたのはよかった。

展示品を見ながら、バティスタ政権を倒していなかったら、今キューバはどうなっていたのかな？と想像する。貧富の差が開いていて、スラムがあり、治安は今よりも悪かったかもしれない。少なくとも、ぼくが一人で来られるような国ではなかっただろう。

革命博物館にプロパガンダの狙いは当然あるだろうけど、展示物を見ているとそんなふうに思ってしまう。

再び1階に下りると、アメリカの大統領数人がコミカルに（かなり強めにいじられてる感じで）描かれたイラストが展示してあった。上に書いてあるスペイン語の訳をマルチネスに頼むと少し困った顔をする。しつこく聞いていると「〝バカ〟タチノイラスト……」と書かれていると教えてくれた。

アメリカとの国交が復活したから、この先これらは取り外すことになるだろうか？

さらに奥に入ると、全てがカストロに関する展示品の部屋があった。カストロが演説しているところ、飯を食っているところ、子供と接しているところ、野球をしているところ、いろんな写真が飾られている。そして、カストロの名言のようなものも額にはいって壁に掛けられている。もうおじいちゃんだというのに、若いアイドルのようなカットの写真がたくさん展示されていた。日本のおじいちゃん政治家の写真が無数に飾られている部屋。うーん、日本の政治家に置き換えても上手く想像できない（小泉進次郎さんとかがおじいちゃんになったらあり得るのかな？）。

まずひとつに、カストロもゲバラも単純にイケメンなんだよな。葉巻をくわえている写真、銃を構えている写真、演説をしている写真。それらがどれも絵になってしまうのだ。

恐ろしく集中している男はどうしたってかっこよく見えてしまう。

革命軍の兵士の写真は笑っているものが多かった。ゲリラ兵士ってこんなにも笑うものなのだろうか？　革命軍がゲリラ戦でジャングルに潜んでいる時に弾いていたギターが飾ってあった。この持ち主は、ギターを担ぎながら戦い、ジャングルを移動していたのだろうか？

ゲリラと聞くと、神妙な顔つきで息を殺しながらジャングルに潜んでいるイメージがあったのだが、どの写真も兵士の表情がなんとなく明るいんだよな。

カストロやゲバラが戦闘服で演説する姿は、やはり諸外国のスーツを着て演説する政治家とはバックボーンが違うことを一瞬で表していた。屋外には戦闘機やグランマ号が展示してあった。カストロがゲバラらとメキシコからキューバへ上陸するために使った有名なグランマ号だが、二重のガラスに囲まれていて少し距離もあるのでよく見えなかった。

そんなに頑丈に守る必要があるのだろうか。それだけメモリアルだということか。

この定員12名のクルーザーに82人もの兵士が乗り込んで上陸したという。アメリカの傀儡《かいらい》となり、キューバに格差を生んだバティスタ政権を倒すために。（クルーザーの定員はオーバーしているが）たったの82人でだ。

クレイジーだ。でも、そんなクレイジーなカストロだからこそキューバ革命を成し遂げられたのだろう。

一通り見終わると、中庭のベンチに座って少し休憩をすることにした。マルチネスが買ってきてくれたミネラルウォーターを一口飲んだ（そういう親切がある度にお金を払おうとしていたのだが、ことごとく断られていた。仕事以外の親切に慣れていない自分にキューバではことあるごとに気づかされた）。

とても暑くて、のどが渇いていたので体に染み渡る。日本人旅行者がこの革命博物館に来て「フィデルは最高……」と涙ぐみながら出てくることもあるという。プロパガンダへの警戒心を持たずに見れば、そうなるのも頷ける。ぼくは感化されないように警戒していた。

もちろん、カストロもゲバラも魅力的だ。男として心酔したくなる部分も多い。しかし、革命博物館でぼくの心をとらえたのは彼らの政治的なイデオロギーではなく彼らの〝目〟だった。バティスタ政権を打倒しようとする、あのような若者の目をあまり見たことがなかった。

「明日死ぬとしたら、生き方が変わるのですか？　あなたの今の生き方はどれくらい生きるつもりの生き方なんですか？」というゲバラの名言がある。

ぼくは革命博物館で涙を流さなかったし、今の生き方も考え方も変えるつもりはなかった。だけど、ぼくはきっと命を「延ばしている」人間の目をしていて、彼らは命を「使っている」目をしていた。

ゲバラやカストロの「命の使い方」を想像した。

日本で生きるぼくの命のイメージは「平均寿命まで、平均よりなるべく楽しく生きる」ことなのではないかと、そんなことを初めて考えた。いや、そうやって生きられるのは成熟した社会ならではのことで、そういった国を作ってくれた先輩たちには感謝してもしきれない。

ゲリラ戦で命を懸けて戦って、革命を成し遂げた男たちに引け目を感じる必要はない。だけど、ぼくは革命博物館で「命を使いたい」と思った。それぐらい、彼らの生には私欲を超えている者特有の輝きがあった。

日本では、ゲバラに傾倒する若者やゲバラのポスターを部屋に貼っている若者が「中2病」と揶揄されることがある。それをいくらマルチネスに説明しても、うまく伝わらなかった。

ruta 9　表参道のセレブ犬とカバーニャ要塞の野良犬

革命博物館の後は、マルチネスの知り合いのドライバーが運転する真っ赤なクラシックカーのタクシーでカバーニャ要塞に向かった。かなりの広さと強固な城壁そして大砲の数に、キューバが外敵からの脅威に晒され続けた国だということがありありと伝わってきた。世界一長い葉巻が展示されていたのだが「とりあえず長い葉巻でも作っとくか」という印象で特に感動はなかった。こちらのゲバラ博物館は展示物もそれほど多くなく、革命博物館を見た後だったので少々物足りなさも感じた。

要塞は１７６３年に建造されたらしい。煉瓦造りの建物と石畳を歩いていると２５０年前にタイムスリップしたかのような気分を味わえた。

だが、あまりの暑さで細かいことをあまり覚えていない。

カバーニャ要塞で、キューバ革命に興味はあるけど、それ以前のキューバ史にはあまり興味を持っていないことに気づいた。

でも、カバーニャ要塞からの眺望は素晴らしかった。運河、ハバナ市街、ハバナ湾が一望できるのだが、ここからの眺めは今回のキューバ旅行で一番良かった。

カバーニャ要塞で一番記憶に残っているのは一匹の野良犬だった。

真っ昼間の炎天下のカバーニャ要塞、死んでいるかのように寝そべっている野良犬になぜか目を奪われた。薄汚れて手厚く扱われている様子はないが、なぜか気高い印象を受けた。

カバーニャ要塞内ではよく野良犬を見かけた。野良犬たちは、通りすがりの観光客に媚びてエサを貰っていた。

東京で見る、しっかりとリードにつながれた、毛がホワホワの、サングラスとファーで自分をごまかしているようなブスの飼い主に、甘えて尻尾を振っているような犬よりよっぽどかわいく見えた。

なぜだろう。

野良犬の前でしばらく立ち尽くすぼくを、少し離れた所からマルチネスは不思議そうな顔で見ていた。

スマホで写真を撮って、再び石畳を歩き出した。

あの犬は手厚い庇護を受けていない。観光客に取り入って餌を貰っている。そして、少し汚れている。だけれども、自由だ。

誰かに飼いならされるより自由と貧しさを選んでいた。ぼくの幻想だろうか？　それとも、キューバだろうか？

ruta 10　第1ゲバラ邸宅にゲバラがいない

第1ゲバラ邸宅はカバーニャ要塞のすぐ近くにあった。邸宅のある場所が少し高台になっているので、開け放たれている窓から海風が入ってきて心地よい。入場料を払って中に入る。邸宅には筆記体で「che」と書かれた真っ赤な文字のモニュメントが張り付けられている。建物はどこかかわいげがあり、その外観は革命家の自宅というよりは海沿いにあるカフェのようだった。邸宅内には、実際にゲバラが使っていた机やベッド、チェス盤なんかもあった。ゲバラの写真、そしてゲバラをモチーフにしたアート作品が何点も展示されていた。寝室には、ベッドに腰掛けたゲバラがカストロと話している写真があった。

二人の距離がとても近い。

ボクシングのラウンドの合間に椅子に座って休むボクサー（ゲバラ）に、トレーナー（カストロ）が必死に何かを伝えようとしているような写真だ。

人間が本気で話すとあんなにも距離が近くなるのだなと思った。

カストロは熱を持って話しているように見える。

ゲバラの顔からはどこか浮かない印象を受けた。

ゲバラの信念にカストロがなんとか割って入ろうとしていて、ゲバラはそれを拒絶しているようにぼくには見えた。


ここにゲバラは確かに住んでいたらしいのだが、なぜかゲバラが生活していた空気が感じられなかった。

ゲバラがいない。

本当にここに定住していたのだろうか？

例えば、岡本太郎の自宅兼アトリエだった岡本太郎記念館に行ったことがあるが、そこには岡本太郎が生活をし、制作をしていたであろう痕跡と熱量が染み付いていた。

岡本太郎が確かにいるのだ。

だが、ゲバラ邸宅にはゲバラが住んでいたという手応えが全く得られなかった。展示されているゲバラの写真からは、常に「どこかに行く途中の人」の気配が漂っていた。映画を観て、ボリビアに行ったことを知っていたからであろうか？　そうでもなさそうだ。

ゲバラが住んでいた証は海からの風に流されてしまっていた。

邸宅を後にしてからも、なぜゲバラの生活感を得られなかったのだろう？と考えていたのだが、答えは簡単だった。

どの写真でもゲバラは戦闘服を着ていたからだ。顔と服が定住する人間のそれではない。

che

ruta 11　10万人の聴衆はカストロのラップに乗ってサルサを踊る

　ゲバラ邸宅から革命広場へ。タクシーのフロントガラスの向こうに、内務省の壁の巨大なゲバラのモニュメントが見えた。革命広場には延々とコンクリートが敷きつめられていて、地面がこれでもかというほど広がっている。タクシーを降りると、太陽の照り返しに手荒い歓迎を受ける。カストロの演説の場として有名で（今はカストロの弟のラウルとかが演説している）、多い時には数十万の聴衆がこの場所に集っていたらしい。こういう場所を見たことがないので喩《たと》えようがないが、「だだっ広い屋外駐車場」といったところか。うーん。急にチープになるな。

　情報通信省の壁にはカミーロ・シエンフエゴスのモニュメントがある。

　マルチネスが「世界的にはゲバラの方が有名だけど、キューバではカミーロもゲバラと同じぐらい人気がある」と教えてくれた。

　カミーロは真面目で寡黙なゲバラとは対照的に、小さな時から悪ガキでどうしようもない天《あま》の邪鬼《じゃく》。農民の出でジョークばかり言っていたらしい。それでいて、リーダーシップがあったので今でもキューバの国民に愛されている。

対面にはホセ・マルティ記念博物館があり、高さ109メートルの塔がそびえ立っている。そのすそから高さ10メートルぐらいの所に台がある。

カストロはこの台から集まった聴衆に向かって演説をしていた。カストロは4、5時間ぶっ通しで、演説をぶちかましていたようだ（最長では10時間ぐらいとの噂も）。

そういったことが現実にここで行われてきたというエネルギーが場に充満していた。日本の政治家の演説を5時間ぶっ通しで聞くという想像がぼくにはできなかった。職業柄、5時間ぶっ通しでピンで話すということの異常さは十分に理解できる。

〝たった一人〟でというところが驚きだ。

それはもちろん笑いという面ではなく、どんな人間であれ、どんな話題であれ、10万の人間を、飽きずに5時間、話を聞かせ続けることは普通の人間には成せることではない。演説には聞く側の集中力を長時間持続させるだけの、エネルギーと、そして何より「エンターテイメント性」があったはずだ。

いろんな芸風の人を舞台袖で見てきたけど、芸人には元々声に力を持っている人とそうでない人がいる。話している内容ではなくて、声そのものが鼓膜を振動させる時に、脳が快感を感じるかどうかということだ。

それは、声質なのか、リズムなのか、それとも魂なのか。ぼくにはわからない。10代の頃からぼくはラップが好きなのだが、ラッパーの方でもそうだ。声、リズム、そのものに快楽を呼び起こすものを持っている人がいる。カストロの声やリズムには、長時間人を惹き付ける力があったはずだ。内容もさることながら、聞いていると気分が高揚し、活力がみなぎってきたのだろう。

〝ライブ〟だったのだろう。

ぼくは革命広場の真ん中に立ち、演説台を見据えて、カストロがここでそういう伝説的な〝べしゃり〟を行っていたということに思いを馳せた。そして、目を瞑《つむ》り広場にカストロと10万人の聴衆を出現させた。

カストロがやったこと。考察すれば、良い面悪い面どちらもあったのだろう。だが、自分の中に確信を持っている人間が本気で喋ると、5時間以上も聞き手の耳をジャックできるという事実に、ただただ呆然としたのである。

カストロが10時間ラップで演説をして、それを聞きながら10万人の聴衆はサルサを踊る。

そんな白昼夢を革命広場でぼくは見た。

ruta 12　ラ・モネダ・クバーナのロブスター

革命広場の後は、再びタクシーに乗ってアルマス広場まで。マルチネスにお腹が空いたのでお昼にしようと伝える。「キューバらしいものが食べたい」とリクエストすると「ラ・モネダ・クバーナ」に案内してくれた。旧市街らしい古びた建物の細い階段を上ると店はあった。深紅のクロスが敷かれたテーブルとアンティークのような椅子。外国のレストランに来た感は満載だった。ここのレストランは観光客専門で現地のキューバ人では食べられる値段ではないそうだ。なので、店の中は観光客らしき人たちで混雑していた。

ぼくはマルチネスお勧めのランゴスタ（ロブスター）を注文した。

しかし依然としてマルチネスとぼくの間には度々、無言の時間が流れる。このままではぼくの中のキューバ人の印象が人見知りになってしまう。注文をした後もまったく会話がないので、質問したりしながらなんとか間を作らないように励んだ。

それでも再びやってきた無言の間。ぼくは気まずさを持て余して、キューバのガイドブックを読み始めた。

すると、マルチネスが日本で売っているガイドブックに興味を示した。

「スコシ　ミセテクダサイ」

マルチネスに渡してしばらくすると「コインノ　シャシンガ　マチガッテマス」とページを開いて見せてきた。帰国してからも調べたけど、これが本当にミスプリントされていたのだ。1CUC《クーク》（日本円で約100円）と1centavo《センターボ》（日本円で約1円）が間違って掲載されていた。

「あ！　そういえば！」

朝ホテルの部屋を出てくる時に、ベッドメイキングのチップを置こうとしたのだが丁度よい紙幣がなかった。なので、このガイドブックを見ながら1centavoだと思った硬貨を10枚「コインですみません」とスペイン語で書いたメモと共に置いてきてしまった。

しかし、ガイドブックはミスプリントだったので、10centavoだと思って10CUC（日本円で約1000円、公定レートでは現地の人の1ヶ月弱の収入にあたる）のチップを置いてきてしまったのだ。

その話をすると、マルチネスは手を叩きながらの大爆笑。

スペイン語で何かを呟きながら、眼鏡を外してずっと笑っていた（そんなにおもしろいかな?)。それから、マルチネスは気持ちがほぐれたのかよく喋るようになった。マルチネスが明るくなったから10CUCも痛くないなと納得した。

笑いはどこの国でもやっぱり強い。

ところで、ここのロブスターは身がプリプリで、うま味が凝縮されていて本当においしかった。今でもたまに「また食べたいな」と思い出す。

ほぐれたマルチネスとキューバの話や日本の話をしながら、デザートのアイスまで食べてお会計。本当に楽しい食事の時間が過ごせた。しかし、何度もマルチネスがチェックの旨を店員に伝えても、全然伝票を持ってこない。会計を再び頼むと店員は確かに笑顔で頷くのだが、「ドッキリ?」と疑うほど伝票を持ってこない。途中で他のテーブルの客に何かを頼まれて忘れてしまうし、他の従業員と話し始めて会計のことを忘れて笑っていたりする。後から聞いたのだが、キューバ人はのんびりとしているから、こういうことは日常茶飯事らしい。

ぼくはそれを微笑ましく眺めていたのだが、4回目の催促も反古《ほご》にされるとマルチネスは不機嫌になった。しびれを切らしたマルチネスが、レジカウンターの中に勝手にズカズカと入っていき、ぼくらの伝票を探し出して不機嫌そうに店員に突きつけた。ようやく会計を終えて、外に出て歩きだす。店員の対応に腹を立てたのか、マルチネスは再び無口になった。

仕方がないので、財布から1centavoコインを取り出して再び「1CUC!」と言うと、マルチネスはまた腹を抱えて笑い出した。

ruta 13　ラ・ボデギータ・デル・メディオのモヒート

レストランを出て、カテドラル広場に向かう。18世紀に造られたコロニアルな建物と建物の間に敷かれた石畳を歩く。まるで、ドラゴンクエストの城下町を歩いているようだ。

モヒートを飲むために「ラ・ボデギータ・デル・メディオ」に向かった。

ここは観光客用の店という感じで、とにかく回転率を上げるために、素早くモヒートが作れるようミントの入ったグラスがバーカウンターにこれでもかというほど並んでいた。マルチネスがヘミングウェイや世界の有名人のサインがあると店の壁を指差していた。「我がモヒートはラ・ボデギータで、我がダイキリはフロリディータで」というヘミングウェイの殴り書きが残っていた。

店内が観光客で混んでいるので、店の外に出て飲むことにした。一口飲むと、これが確かにおいしかった。

キューバのモヒートは日本で飲むモヒートと比べると白く濁っていて、スッキリというよりは砂糖がたくさん入っているのだろうか、とても甘かった。ミントの香りと心地よい砂糖の甘みで、酒の弱いぼくでもサクサクと飲めてしまう。旧市街の路地でモヒートを飲んで、ハバナっ子になった気分。

口の中に入ったミントの葉を勢いよく道に吐き出す。ぼくがモヒートを飲んでいる姿など、日本人に見られたら確実に笑われるであろう。

だが、ここはキューバ。

見渡す限り日本人はいない。

胃の中にアルコールの熱を感じながら、強気で店内の観光客をかき分け「グラシアス!」と言いながらカウンターにグラスを返す。

そこから、ハバナ旧市街で一番賑わっているオビスポ通りに入る。ヘミングウェイが常宿としていたホテル・アンボス・ムンドスの中で、ヘミングウェイ関連の展示品を見た。そして、フロリディータでヘミングウェイの等身大の像を見て、彼の好物と言われているダイキリを飲んだ。

ヘミングウェイは『老人と海』しか読んだことがないのだが、作品の人生観なのかな?

ぼくは仕事観だと受け取っているのだけれど、それがとても好きでありおこがましいけど体現したいものでもあるという感想を持った。銅像を見ながらヘミングウェイがなぜキューバを選んだのか勝手な憶測を頭の中で回し、楽しむ。

そういえば、15年ぐらい前に、医者が葉巻をくわえながら「今日は病院までクルーザーで来たよ。向かい風を受けながら30ノットで来たよ。好きな作家は……ヘミングウェイ」と言いながら病室を歩き回るというコントを書いたことがあった。

その時はキューバには興味はなくて、『老人と海』もまだ読んだことがなかったはずだが、23歳のぼくは何を思ってそんなコントを書いたのだろう。

その頃からキューバを求める気持ちの種が心の底に埋まっていたのだろうか。そんなはずはない、恐らく北方謙三を小馬鹿にしていたのだろう。嫌な若者だな。

ROSARIO
CENTRAL
Argentina

ruta 14　ホテル・ナシオナル・デ・クーバ

オビスポ通りをセントラル公園に向かって歩く。狭い通りに観光客相手の土産物屋や地元の商店がひしめいていて、観光客でごった返していた。至る所でゲバラのTシャツが売られている。お土産のキューバの国旗がこれでもかというほどはためいていた。

道端では大きめの鳥かごのようなものに子犬がぎゅうぎゅうに入れられていた。かごには子犬の値段が書かれた紙が張り付けられている。

地面から数十センチ上げられたかごの下には受け皿のようなものが敷かれていて、そこには子犬たちの排泄物が溜まっていた。綺麗なショーケースに入れられて売られている日本のペットショップが冗談に感じるような、雑な売り方だ。

公園のベンチには、上はキューバ国旗の柄のTシャツ、下はアメリカ国旗の柄のズボンを履いたおじさんが寝ていた。国交回復おめでとう。

マルチネスとは15時までのガイドという約束だったので、時間が近くなりサラトガに向かって歩きだした。ぼくが初めてコミュニケーションを取ったキューバ人のマルチネス。ガイドブックなどで読んだ陽気なキューバ人のイメージとは真逆だったけど、ガイドがマルチネスで本当によかった。日本語はとても上手だし、テンションもぼくと近いし、最後のほうは、もしキューバに住んだとしたら友達になれそうなぐらいリズムが合っていたように思う。

お別れの時間が来た。

サラトガのロビーで和紙のポチ袋に入ったガイド料を渡して握手。

「……サヨウナラ」

「アディオス！」

この後は夕方から日本で知人を辿って連絡を取ることができたキューバ在住の日本人女性のマリコさんに案内してもらうことになっていた。直射日光に晒されながら歩き続け、少し疲れていたので部屋に戻って休むことにした。

部屋に入ると枕元にポストカードが置いてあった。そこには、英語で何かが書かれていたので、Google翻訳に文字を打ち込んで訳した。かなりの長文でチップへのお礼が書かれていた。額が額だったので、このような長文になったのであろう。蝶々の絵まで書いてあった。

マルチネスに見せたかったな。

また笑ってくれるだろうな。

次の日から急に額を下げるわけにいかず、今回の旅のチップは弾まざるをえなかった。


贅沢な昼寝から目覚めると、約束の時間が近くなっていたので急いでシャワーを浴びてロビーに下りた。ソファに座っていると、日本人の女性がホテルの玄関から入ってきてマリコさんであることがすぐにわかった。

異国の地で日本人に会って、心の底から安心した。

「若林です」

「よろしくお願いします！」

軽いあいさつを済ませ、マリコさんの車に乗り込んで走り出す。日本人と話せることが嬉しいので、言葉数が多くなるぼく。「マルチネスが人見知りだった」という話をするとマリコさんは軽快に笑ってくれた。

「よかったー」

「何がですか？」

「若林さん、人見知りだと聞いていたので打ち解けるまで時間かかるだろうなーって覚悟していたんですよ」

なんと！　ぼくの人見知りは中南米まで響き渡っていたのだ。

「いやー、昔の話なので。ぼくもいい歳だし、何よりやっと日本の方と話せて安心しているところです」

日本人のマリコさんは朗らかで社交的、キューバ人のガイドさんは人見知り。行ってみなけりゃわからないこともあるんだな。

まず、マリコさんにお勧めされたのはホテル・ナシオナル・デ・クーバ。

車を駐車場に停めてホテルを見上げると、１９３０年に建てられたということで確かな品格がある。ホテルの中はコロニアル調の造りで、さながら美術館のよう。キューバの記念建造物にも指定されているようだ。

スティーブン・スピルバーグなど、世界の著名人が多く滞在していたらしい。

ホテル内に葉巻ショップがあるというので見にいく。

ちなみにハバナでは道を歩いていると「シガー？」とよく話しかけられる。これはほとんど偽物を売りつけられることになるらしいので、注意が必要だ。

ちゃんとした葉巻が欲しければホテルの中のシガーショップや街の正規のシガーショップに行った方がよい。

店の中は品揃えが豊富で見ているだけでも楽しかった。

初心者にも吸いやすいと勧められた「ロミオとジュリエット」という名前の葉巻を一本買った。


ナシオナル・デ・クーバで良かったのはテラスのカフェだ。

ハバナ湾に面したマレコン通りに面しているので、テーブルに座って行き交うクラシックカーをずっと眺めていられる。

モヒートをオーダーして（モヒートしかお酒を知らない）、さっき買った葉巻に慣れない手つきで火をつけた。レトロなエンジン音を響かせながら、えっさほいさと走っているクラシックカーを見ていると50年前の映画のワンシーンに溶け込んだような気持ちになる。

奥にはハバナ湾が見えていて、夕暮れ時の涼しい風が抜けていく。

マリコさんに「なんでキューバに来ようと思ったんですか？」と聞かれたのだが、理由がありすぎて最早なぜキューバに来たかったのかがよくわからなくなっていた。

「そういえば、なんでだっけな？」と答えると、マリコさんは笑っていた。

あたりが暗くなってくるとマレコン通り沿いにオレンジの街灯がついて、昼間とは違う表情になる。

この景色は、なぜぼくをこんなにも素敵な気分にしてくれるんだろう?

いつまでも見ていられる。

ぼーっと目の前の風景を眺めていると、なるほどそうか、あることに気づいた。

広告がないのだ。

社会主義だから当たり前といっちゃ当たり前なのだが、広告の看板がない。ここで、初めて自分が広告の看板を見ることがあまり好きではないことに気づいた。東京にいると嫌というほど、広告の看板が目に入る。それを見ていると、要らないものも持っていなければいけないような気がしてくる。必要のないものも、持っていないと不幸だと言われているような気がぼくはしてしまうのだ。

ニューヨークに行った時もそうだった。

ぼくはギラギラと輝く広告の看板やビジョンを見て「やりがいのある仕事をして、手に入れたお金で人生を楽しみましょう!」という価値観がここから始まっているのではないかと感じたのだ。

アメリカとの国交が回復したキューバもあと数年で広告の看板が街に溢れ、ハバナにもマクドナルドやスターバックスができるのだろうか。

クラシックカーは見当たらなくなって、最新式の車がマレコン通りを走るのだろうか？

それとも、それを拒否するだろうか？

ぼくにはわからない。

広告の看板がなくて、修理しまくったクラシックカーが走っている、この風景はほとんどユーモアに近い強い意志だ。

キューバの人たちの抵抗と我慢は、じめじめしていない。

明るくて強い。

ぼくはマリコさんに話しかけた。

「さっきのキューバに来た理由ですけど、広告がない街を見たかったからです！」

不思議がられ、少し感受性の強い自分を演出できるかと期待したが、その狙いは外れた。

「あー、そういう人多いです！」

広告に疲れている人はぼくだけではないのだ。

ruta 15　国営のジャズバー

ホテル・ナシオナル・デ・クーバを出た後、ジャズバーに行くことになった。

キューバは社会主義なので国営のクラブやジャズバーがある。日本だとちょっと想像できない。

例えば「日本政府が経営している六本木のクラブ」。ピンと来ない。

社会主義国の国営ということで、あまりお金がかかってない造りかとイメージしていたがそんなことはなかった。店内は日本にもあるような普通のジャズバーといった感じ。ステージがあって、丸テーブルと椅子がぎっしり並んでいて、奥にはバーカウンターがあった。

最大で２００人ちょっとは収容できるだろうか。

客席はほぼ満員で、観光客とキューバ人の割合は少し観光客が多いといったところか。

実際に演奏をするキューバ人のサックス奏者のＬさんがマリコさんの友人で、本番前にテーブルまであいさつに来てくれた。

自己紹介をして、日本で芸人をやっていることも伝えた。すると、Lさんは「はるばる日本から有名なコメディアンに来てもらって光栄だ！」と大げさな身振りで応えてくれた。とても明るくてこういう人のことをいわゆる「陽気なキューバ人」というのだろう。

やっと、キューバ人らしいキューバ人に会えた。握手をするとLさんはにこやかに楽屋に戻っていった。

ショーが始まる。

Lさんの恰幅のいい体から発せられるサックスの音は、鼓膜を突き抜けてみぞおちまで震えさせる。

楽しんで演奏しているキューバ人バンドの波動が、パワフルな音圧に乗ってぼくを包み込んでくる。

ジャズのわからないぼくでも楽しくて笑ってしまいそうになった。

周りの客を見渡すと、座りながら軽く体を動かしている人はいるけれど、立って踊っている人はいない。キューバ人は、音を聞けばすぐに踊りだすというイメージがあったので意外だった。

マリコさんにそのことを聞いた。

すると「キューバ人は音を聞くと誰でも踊りだすというけど、そんなこともない」と言って笑っていた。


数曲の演奏が終わって、バンドメンバーがトークを始めた。

先ほどあいさつしたサックス奏者のLさんが話している。

「今日は遠い所からこのライブを観にきてくれたスターがいる……」

(俺のこと⁉)

ヤバい、この満席の状態でステージから紹介されてもスペイン語は話せないし、どうリアクションすればいいのかわからない。

「紹介したらみんなもびっくりするだろう……」

(いやいや、日本のコメディアンなんて誰も知らないよ)

どうリアクションすればいい？

しかし、頭をぺこりと下げるぐらいではノリが悪いという印象を与えて、場の熱気を冷やしてしまうかもしれない。

よし！　柄ではないが、紹介された瞬間に立ち上がり間髪入れずに激しくステップを踏み、投げキッスをしてハラキリのジェスチャーをして礼。この流れでいくしかない！

覚悟を決めるとぼくは椅子の肘掛けを握り、立ち上がる準備をした。

すると、Lさんはぼくとは全然違う方向に手を差し出して「紹介しよう！　……ボン・ジョヴィのドラム、ティコ・トーレスだ‼」と叫んだ。

スポットライトがぼくらの席の逆サイドにいたティコ・トーレスという人に当たり、会場からは一気に歓声が上がった。

危なかった。

もう少し早く立ち上がっていたら、自分が紹介されると思っていたのがマリコさんにバレるところだった。

ぼくは肘掛けに置いた手を自然な動きでモヒートのグラスに持っていくと、それを一気にのどに流し込んだ。

ruta 16　ライトアップ、ガルシア・ロルカ劇場

マリコさんにホテルまで送っていただいて、部屋に戻りシャワーを浴びた。部屋にいるのがなんだかもったいないなと深夜にもかかわらずホテルを出て散歩することにした。

ハバナの街は排気ガスがすごいのでマスクをして歩いていたらすれ違う人にじろじろと見られ、大げさに避けて歩かれた。後日マリコさんに聞いたのだが、キューバでは健康な人がマスクをして歩くという習慣がなく、おそらくぼくはとんでもない重病人か、強盗をしようとしている人か、または何かのパフォーマンスをしている人だと思われていたのではないかと言われた。

キューバは散歩をしていると本当によく話しかけられる。その中に「福岡詐欺」というものがあると聞いていた。それは、現地のキューバ人が話しかけてきて日本人だとわかると「福岡が好きです」と言い出すというものなのだ。

なぜ、「福岡」かというと「東京」だとベタすぎて警戒心を解けず、「福岡」だと日本人も心を許しやすいと思われているらしいのだ。実際、ぼくも話しかけられてスペイン語の中に「フクオカ」と聞き取れたことがあって、まんま来たので笑ってしまった。

詐欺といっても、現地のキューバ人がおいしいレストランやモヒートを飲める店を知っているから一緒に行こうと誘ってきて、同行すると食事代や飲み代を奢らされるというもので、お金を盗られたりするようなことは滅多にないと聞いた。そんなことなら、集まってくる後輩のようなものでかわいいものであるから、話のネタに一緒に行ってみようかなとも思ったぐらいだ。

キューバ人は話すのが本当に好きみたいで、食事や飲みの誘いを断ると普通に世間話をしてくる。日本人だと伝えると「オチン」「オチン」とずっと言ってきて、最初は局部のことを言っているのだと思って自分の股間を指差して笑っていた。

でも、よく言葉を聞き取ろうとしてみると「マザー」とか「ドウター」とか繰り返し言ってるので、ようやく日本の名作ドラマの『おしん』のことを言っているのだと気づいた。キューバでは『おしん』が放送されて空前のブームになったことがあるらしいのだ。

ぼくは、ハバナに滞在中深夜によくセントラル公園に来ていた。

ハバナは夜も賑やかで、行き交うクラシックカーや急に踊りだす人をベンチに座って眺めているだけで楽しくてしょうがなかった。目の前のガルシア・ロルカ劇場（現アリシア・アロンソ・ハバナ大劇場）は夜はライトアップされていて建物の装飾は何分見ていても全く飽きなかった。「今日はいろんな所に行ったな。明日も楽しみだな」とベンチに座りながら思い返していると、寝ないでどこかに行きたいという気持ちが湧き上がってきたり、ホテルの部屋にいる時間がもったいないと感じている自分に気づいて驚いた。

なぜなら、東京でのぼくは自他共に認めるインドア人間であるからだ。

もしかしたら、出不精ではなくて東京に行きたい所がないのかもしれない。出掛けたい所があることって、人を幸せにするんだな。セントラル公園の前の人通りがまばらになった。サンダルの音を響かせながらホテルの部屋に戻り、ベッドに入る。

「明日も、まだ行ったことがない所に行ける」

El Tercer Día

3日目

ruta 17　市場。配給所

3日目の朝、再びホテルのロビーでマリコさん（キューバ在住日本人）と待ち合わせ。今日はキューバ人が普段から使っている市場と配給所に連れていってもらえる。ハバナ市街から車で10分ほど走った所の市場と配給所に向けて出発。

ハバナ市街を出て、風景に生活感が出てきたなと思っていると配給所に到着した。車を駐車場に入れるためにバックさせていると、突然普通のおじさんが両手を動かしながら車を誘導し始めた。親切なおじさんだなと思っていたら、マリコさんが車を降りた後そのおじさんに小銭を渡した。

「駐車場の係員ですか？」

「ううん、普通のおじさんです」

キューバには駐車場に勝手に係員をやる人がいて、駐車をする車を勝手に誘導して小銭を稼いでいるらしい。

車を降りると、タンクトップで首からネックレスを下げた両腕にタトゥーのキューバ人の男性が出迎えてくれた。

マリコさんは、この市場を案内してくれる方だと彼を紹介してくれた。

市場では海外からの観光客に割高な値段で商品を売りつけるキューバ人がたまにいるらしい。それを防止するために一緒に市場を回ってくれるというのだ。これは心強い。


市場と配給所は隣り合っていて、市場はトタン屋根に黄色く塗った木の柱の無骨な造りだった。市場に入ると色とりどりの野菜やフルーツが並び、どこの国の市場でもそうだが活気がある。野菜やフルーツのサイズが日本より大きめだが、こういう食物のサイズの違いも人間の性質に影響を与えるのだろうか？

一通り見終わった後、タトゥーの男性がマリコさんに何やらひそひそと耳打ちをしている。そして、奥の方を指差している。マリコさんが「今日特別に仕入れたものがあるから見るか？　と言っています」とぼくに言う。

何かヤバいものとかだったら嫌なので、恐る恐る「何が入ったんですか？」と聞くとそれをタトゥーの男に通訳するマリコさん。

タトゥーの男がまたひそひそとマリコさんに何かを伝えている。

ドキドキしながら答えを待っていると、マリコさんがぼくに「……鯛が入ったらしいです」と耳打ちした。

瞬間的に「鯛かい！」と叫びそうになった。

社会主義国のキューバでは、コネがあるかどうかは結構重要なことのようだ。珍しい食材が手に入ると、コネがある順に情報が回るということもある。

昔、戦後間もない日本の闇市でも、コネがある順に仕入れたものの情報が回ってきていたという話を聞いたことがある。

資本主義では高い金を払う順になるだろう。

どちらの善し悪しもあるけど、資本主義国で育ったぼくはお金の順の方がまだフェアなのかもなと思った。

とりあえず鯛の件は「十分楽しんだので、見なくても平気です」と伝えた。


続いて併設されている配給所に連れていってもらった。

そういえば、市場と配給所の入り口近くに兌換ペソを国民ペソに替えられる両替所があった。キューバには観光客が使う兌換ペソと、現地のキューバ人が使う国民ペソがあって、お金の価値はやはり兌換ペソの方が全然高い。兌換ペソも国民ペソも3ペソ紙幣はゲバラが印刷されているが、兌換ペソのゲバラはサンタクララの像のイラストで、正直ゲバラかどうか一見よくわからない。

対して、国民ペソのゲバラは顔のアップで、例の精悍で勇ましい顔がどかん！と印刷されているので、観光客には3国民ペソ紙幣がお土産として人気だ。だが、ハバナ市街で換金すると現地の人も観光客に人気があるのを知っているからかなり高めの手数料を取られるらしい。でも、ここでは正規のレートで両替してもらえた。ラッキーだ。

紙幣にはその国の空気が宿るのか、いろんなものを買って帰ったけど、いまだに3国民ペソ紙幣を眺めている時が一番キューバをヴィヴィッドに思い出せる。


配給所は年季の入ったタイルが敷き詰められていて、エメラルドグリーンのペンキが塗られた木材で作られたカウンターがある簡素な造りだった。カウンターの奥に品物が陳列されていて、それを求めて並んでいるキューバ人が数十人。係の男が品物を手際よく捌《さば》いている。自分の順番が来た人は、カードのようなものを係員に渡してお金を払って品物を受け取っている。配給所とはいえ本当に少額のお金を払うらしい（日本円で10円ぐらい）。

棚には米や卵、砂糖、パン。

石けんやバターもある。

そして、タバコとラム酒も。

肉や魚は建物の外の別の小屋で配給していた。

カードがなくても、お金を払えば品物は買える。ぼくは配給のシガリーリョ（タバコ）を買った。配給のシガリーリョは20本入りで短い紙巻きなのだがこれがかなりおいしかった。

売れない芸人生活で例えば日本酒とマイルドセブンが配給されていたら、気持ちがあんなに荒《すさ》むこともなかっただろうか？と夢想してみたが、現実はそう簡単なものではなかった。

近年、財政難で配給の品物が減って、物価も上がっているらしい。１ヶ月の給料と配給では満足に食べていけないので副業をする人が多い。

医者や学校の先生が、空いている時間で観光客相手のタクシー運転手をやっていたりする。

例えば日本で、医者が空いている時間を使って東京無線のタクシー運転手をやっているということは想像できない。

続いて、キューバの現地の人が買い物をしているスーパーにも連れていってもらった。キューバのスーパーの品揃えは日本人のぼくには極端に少なく見えた。

例えばヨーグルト。

キューバのスーパーでは2種類であった。

日本ではどうだろう。

プレーン、低糖、低脂肪、乳酸菌、生乳100％、免疫強化、コレステロールを下げる、などなど。かなりの品数がある。

それらを選ぶことは楽しいことであるのか、それともその品揃えの豊富さの陰で我々が犠牲にしていることがあるのだろうか？


近年はホテルから漏れるWi-Fiや、Wi-Fiを発信している公園がいくつかあったりして海外の情報もキューバに入ってくるらしい。

キューバの若者には、生まれた時から配給がある。だから、欧米のアーティストのPV映像なんかを見て「なんであんなおしゃれな服が配給にないの？」と若者は言うらしい。

服を作る会社が国営というのは日本人のぼくには想像できない。いろんな服を着られる自由は、やはり人を幸せにしているのかもしれない。

そして、いろんな服が着られない不自由は人を不幸にしているのだろうか。

それは置いといても、「おしゃれな服を着たい」という欲求が人間にデフォルトで備わっているということを、こんなにもハッキリと実感したのは初めてのことだった。

ruta 18　コッペリア

続いては、コッペリアという有名なアイスクリーム屋があるということで連れていってもらった。

この店は、観光客向けの店舗と現地の客向けの店舗が分かれている。観光客向けの店舗は値段が当然高いので、現地の人が並ぶことはない。したがって現地の人向けの店舗の方がいつも列が長いのだが、この日はたまたま空いていたようで現地の人向けの店舗の列に並ぶことにした。

店内はフードコートのようにテーブルとベンチが並べられていて、若いキューバ人で賑わっていた。日本でいうファミレスやファストフードのような感じで、若者の溜まり場になっているのだろう。

キューバ人用の店舗に東洋人がいるのが珍しいのかじろじろと見られた。

ここのアイスは本当においしかった。

5個アイスが入っていて日本円でいうとなんと8〜10円ほどだった！

観光客用の店舗ではこの量だと300〜400円ほどするらしい。

横のテーブルで食べている10代のキューバ人の女の子グループが、皆首からホルダーに入ったスマホを下げている。配給では十分に食べていけない国で高価なスマホ？　と驚いてマリコさんに聞いてみた。

「多分、身内の誰かが海外からスマホを持ち込んだのでしょう」

キューバでは、国外へ物を送るのは厳しく検品されるらしいのだが、外国からキューバに送られてくる物に関してはノータッチらしいのだ。

夢中でスマホを操作しているキューバの10代の女の子を見ていて、人はスマホを使いたい生き物なのだなとそんな当たり前のことを再認識した。

まだ街中にWi-Fiが飛んでないキューバにも、至る所でみんなが下を向いてスマホをいじる時がもうすぐやってくるのだろう。


コッペリアは『苺とチョコレート』という映画に登場することで有名だ。

『苺とチョコレート』は帰国した後で観たのだが、これからキューバに行かれるという方は観ておいてもいいかもしれない。公開されたのは今から20年以上前だ。当時のキューバの社会情勢がよくわかるし、キューバの中の共産主義者と自由主義者の想いも感じられる。

この映画を観た後、やはりアメリカと国交が回復したことってすごいことなんだなと実感した。

そして、ぼくがこの映画を観て心に引っかかったのは日本の職業選択の自由についてだ。この映画の中で（以降少々のネタバレあり）、ゲイの芸術家ディエゴが芸術作品の発表の機会を奪われる場面がある。そして、彼は芸術活動ができなくなるという危機感を「肉体労働の仕事をさせられる！」という言葉で表現する。

キューバは職業訓練が徹底していて、スポーツ選手はスポーツ学校を出てスポーツ選手になるし、ミュージシャンは音楽学校を出てミュージシャンになる。ウェイターもウェイター学校を出てウェイターになる。

プロの敷居も高くて、例えばコメディアンになりたいので、学校を出た後にバイトで食いつなぎながらデビューをうかがうということはほとんどないらしい（キューバにもコメディアンはいるが、おそらく俳優の学校を出ているとのこと）。

要は若いうちから才能を見分けられ、ふるいにかけられるのだ。

ぼくは夜間大学を出て芸人になり、20代はバイトをしながら食いつないだ。

キューバには何らかの職につかないといけないという決まりはないが、バイトというものがあまりないらしい。ぼくは、20代の頃はお金も仕事もなくて、社会から爪弾きにされている気分だったけど、それは全部自分で選んだのだし、選べる自由が日本にはあるんだ。

それは当たり前のこととなりすぎていて、その自由へのありがたみをここまで実感したことはなかった。それなのに、テレビに出たての頃に仕事がない時代のことをさも苦労してきたかのように話していたんだなと、今更ながら恥ずかしくなった。

ただテレビで「自分で選んだ道であり、自分がおもしろくなかったので、仕事もお金もなかったのはしょうがないっす」と答える30歳の芸人はおもしろみに欠ける（いや、ちょっとおもしろいか）。

ちなみに、ぼくはコッペリアで苺味のアイスを注文したが、『苺とチョコレート』の中では男が苺味を注文することは〝おねぇ〟の象徴となっている。

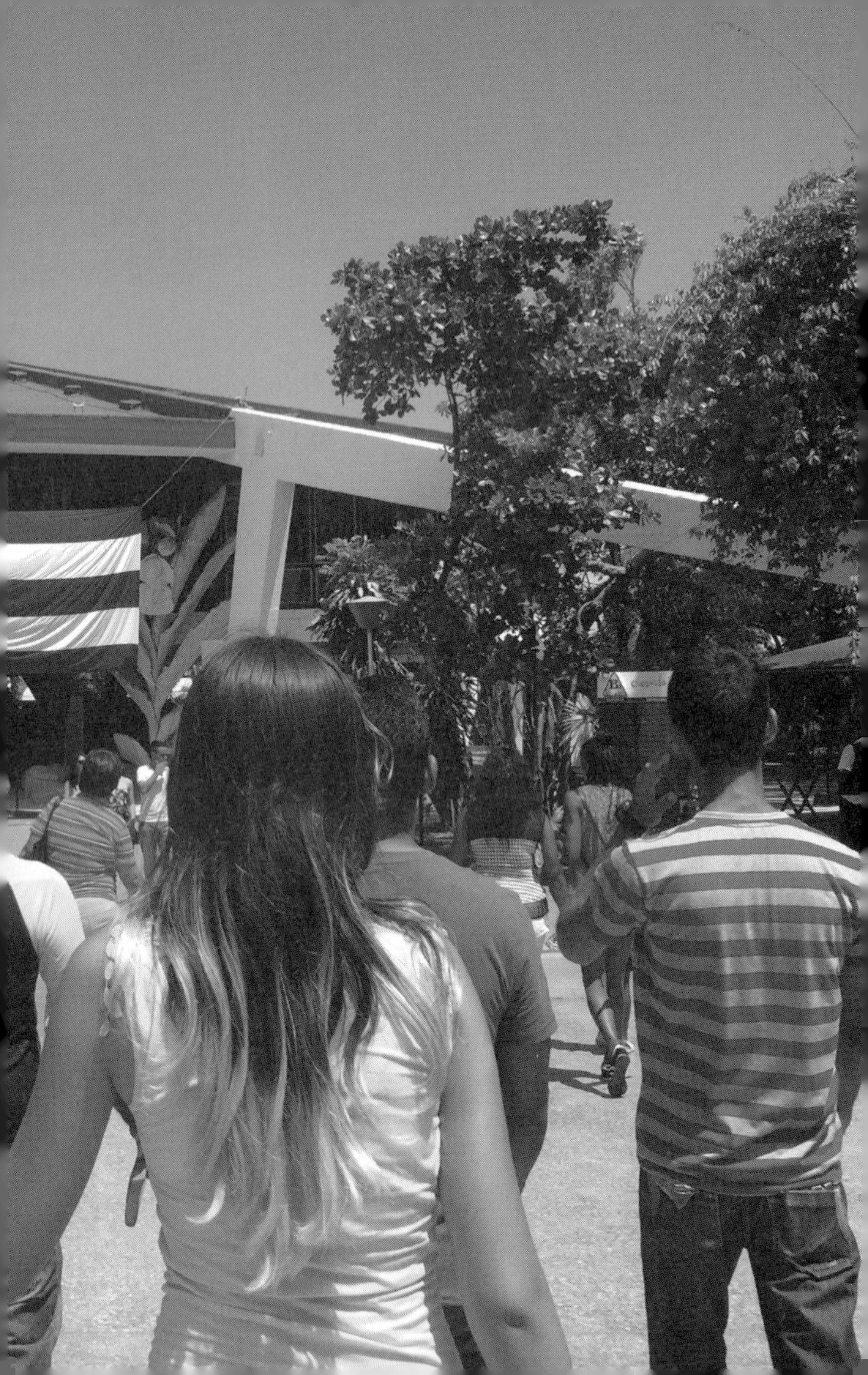

ruta 19　キューバ闘鶏

さて、ここからは3日目のメインイベント。

闘鶏場の見学だ。

出国前にメールで「海外からの観光客相手の場所ではなくて、キューバ人の生活に寄り沿ったディープな場所が見たいのでお願いします」とマリコさんに伝えていた。闘鶏場は、海外旅行者はまず行くことがないディープな場所だという情報を得て、リクエストさせてもらっていた。すると「その日本人、わかってんじゃん」と、現地のキューバ人は結構盛り上がってくれたらしい。

闘鶏場はキューバ人にとっての娯楽施設で、昨日ジャズバーで演奏していたサックス奏者のLさんの知り合いのHさんという方が案内してくれるという。

まずはマリコさんと、案内をしてくれるHさんと待ち合わせるために昨日ジャズバーで演奏していたLさんの自宅に行くことになった。

皆さん、休日返上でぼくを闘鶏場に案内してくれるという（こういったキューバのアミーゴ精神に、この旅では何度も心を動かされた）。

Lさんの自宅はハバナの中心街から20分ほど離れた場所にあった。車で家に到着すると2階の窓から作曲中のLさんの歌声が聞こえてきた。伸びやかなLさんの歌声が、ハバナ郊外の住宅地の風景にとてもマッチしていた。

キューバで実際に生活している人の家に入ることができるのが嬉しかった。部屋に入ると涼しげなタイル張りの床に大きなテーブルが一つ、その横にロッキングチェアー。これぞ南国の住宅というエキゾチックな雰囲気だった。

Lさんが下りてきた。

「おぉ！　日本のコメディアン！」

また満面の笑みで握手をしてくれた。そして、胸ポケットに手を入れて太い葉巻を取り出すと、両手の平にそれを載せて頭を日本風に下げながらぼくの前に差し出してくれた。

「プレゼントデス」

ぼくは「グラシアス、グラシアス」と言いながら葉巻を手に取って眺める。

ラベルがついていないものは、葉巻職人から直接貰ったものである証らしい。

これぞザ・キューバンシガーだ！

「胸ポケットに葉巻を入れてロッキングチェアーに座れ」

Lさんに言われた通りにすると写真を撮ってくれた。

Hさんが来るまでもう少し時間があるというので家の周りを一人で散歩させてもらうことにした。照りつける太陽の中、舗装されていない道路を土煙を上げながらクラシックカーが走り去っていく。ぼうぼうに伸びきった道の脇の雑草、古い木の電信柱、弛《たる》んだ電線、広い空。そんな道をキューバンシガーを吸いながら歩く。頭の後ろからはLさんの歌声が聞こえてくる。

こんな贅沢な散歩があるだろうか！

しばらく歩いて家に戻ると、Hさんが間もなく到着するという連絡があった。

すると、車が家の前に停車する音が聞こえてきた。皆で外に出ると、車の中から口ひげを生やした体格のいいキューバ人が降りてきた。『魁!!男塾』という漫画の江田島平八という塾長に似ていた。

「お前がマサか！」と、いきなり言われて握手をする。

握手の力が猛烈に強いタイプ。

日本だったら苦手なタイプのおじさんだ。

ぼくは被っていたパナマ帽を取って頭を下げる。イカつい風貌のHさんを心の中でエダジマと呼ぶことにした。

エダジマはニカッと笑って「俺は頭が禿げてるから帽子は取らないぜ」と言って車に戻った。


エダジマの乗った車が先導して、ぼくが乗り込んだLさんが運転する車がそれを追いかけていく形となった。エダジマは豪放磊落《ごうほうらいらく》な性格らしく、車の運転がめちゃめちゃ速い。助手席にはこれまた体格のいいエダジマの息子さんが座っていた。それに必死でついていく運転手のLさん。途中からは慣れたのか、葉巻を吸いながら鼻歌を歌っていた。それを聴きながらキューバの田舎道を眺める。

ほとんどジャングルだ。

30分ほど車で走るとどでかい軍鶏《しやも》の像が見えた。その像を左折してしばらく進むと闘鶏場に到着した。

闘鶏場は、敷地内はさびれたリゾートホテルの中庭といった雰囲気だった。いくつかヴィラのような建物が点在していて、そのひとつに入るとレストランになっていた。柱に備え付けられているテレビモニターには闘鶏場で軍鶏が闘っている様子が映し出されていた。

エダジマが「とりあえず生で闘鶏を見るか！」と言って闘鶏場に向かう。

すれ違う闘鶏場の従業員がみんなエダジマに深々と頭を下げる。エダジマはかなり偉い人物なのだろうか。

闘鶏場は木造のドーム形の建物だった。

中に入った瞬間、男たちの歓声と怒声の迫力に圧倒された。

感じたことのない異様な熱気。

会場内に充満する男性ホルモン。

歓声と怒声はドームの中心に向けられている。

その先に視線を移すと、グリーンの絨毯が敷きつめられた土俵を少し大きくしたぐらいの広さのど真ん中で2羽の軍鶏が闘っていた。

至る所に血の染みがある。

客席の通路のど真ん中で腕組みをして試合を見つめている身長190センチはあろうタトゥーだらけの屈強な男にエダジマが声をかける。すると190センチの男もエダジマにペコペコと頭を下げている。

190センチの男の手にはスタンガンが握られていた。この闘鶏場の用心棒だろうか。するると、190センチの男は一番前に座って試合に熱狂している男たち4、5人の背中を順番に叩き、立つように手を動かして急《せ》かしている。

すると、背中を叩かれた男たちは渋々といった表情で席を立ち、客席の後ろの方に向かってトボトボと歩いていった。

いや、エダジマ、何者だ？

エダジマに背中を強く押されて、席に座るとちょうど試合が始まるところだった。さっきから心臓が高鳴りっぱなしだ。よく見ると闘っている軍鶏の足と羽の先には刃が付いていた。2羽の軍鶏が飼い主の手によってかごに入れられる。上から吊るされたロープでかごが開けられるとともに軍鶏は闘い始める。試合開始だ。羽をばたつかせながらクチバシで突き、足で相手を蹴り上げる。会場は歓声と怒声が響き渡る野蛮な雰囲気。客席の男たちは蹴り上げろという意味だろうか、叫びながら腕をアッパーカットのように何度も突き上げる。

軍鶏の体が血で赤く染まっていく。攻め続けられている軍鶏がさらに足で体を蹴り上げられた。宙を舞う羽がスローモーションに見える。切りつけられた軍鶏の体に赤い線が浮かび上がり、それが濃くなるとゆっくりと眠るように倒れた。

それで終わりではなかった。

なんと、立っている方の軍鶏が倒れている軍鶏の頭を足で押さえたのだ。倒れてから1分間立ち上がらなければ勝ちが決まるらしい。

それを軍鶏はわかっているのだ。

1分！　長い！

しかし！　頭を押さえつけられた軍鶏はなんとそれをはね除けると、すっくと立ち上がり、再び闘い始めたのだ。

エダジマがぼくの耳元で何かを言っている。

マリコさんに通訳してもらうと「血だらけになって、もう闘えなくなっても諦めない。それがキューバ人の魂だ」と言っていたらしい。

言葉の重さだけが耳に残った。

軍鶏の命を懸けた闘いと、エダジマの迫力に気圧されて言葉を失っていた。

2試合、3試合と見続けて荒くなった息が収まらないまま次の試合を待っていると、客席の後ろの方で怒鳴り合う声が聞こえる。後ろを振り向くと、観客の男二人が胸ぐらをつかみ合いながらお互いを激しく罵り合っている。すると、例のボディガードが二人の間にゆっくりと近づき、目の前にスタンガンを無表情のまま差し入れる。

次の瞬間、バチバチッ!!と激しい音を立てて青い閃光が走った。二人は胸ぐらから手を下ろし、ゆっくりと離れた。そして、それぞれの席に座った。

それを日常茶飯事の出来事のように、片方の眉を少し上げて流し見、再び視線を戻すエダジマ。

Lさんは2試合目の前に「見てられない」と言って闘鶏場を出た。

試合は鶏の大きさによって階級が分かれていて、一番大きな階級の試合を見た後会場を出た。闘鶏場の外には地面に打たれた無数の杭からそれぞれ鎖がのびていて、その先には軍鶏がつながれていた。

何羽もの軍鶏が、試合の出番を待っていた。

ぼくは軍鶏をかわいそうだと思った。

エダジマは軍鶏の間を、葉巻をくわえながら颯爽と歩いている。

ruta 20　正しい葉巻のくわえ方

闘鶏場を出て小さなヴィラに行くと、Ｌさんとエダジマの息子さんが座って酒を飲んでいた。ジャングルの青臭さと葉巻の香りがどこからともなく流れてくる。Ｌさんに「楽しんだ？」と聞かれて、とても興奮した旨を伝えると「僕はああいうのは苦手だ」とＬさんは頭を掻いていた。それがなんだかとてもかわいらしかった。

ここからはキューバならではの食事を振る舞ってくれるとのことだった。最高のシチュエーションで、キューバ料理が食べられる！　奥のジャングルの緑を眺めて、闘鶏の興奮を冷ました。

しばらくすると、豆を煮た料理や鶏の唐揚げなどキューバならではの料理だというものが運ばれてきた。

どれもおいしそうだ。

席を空けていたエダジマがラム酒の瓶をぶら下げて戻ってきた。

「マサも飲め」

ぼくは酒が弱いので氷かサイダーで割れないかと通訳してもらうと「男ならとりあえずストレートで飲め！」と強引にグラスに注がれてしまった。

何度も言うが、日本なら苦手なタイプだがキューバだとなぜか楽しくなってきてしまう。

テーブルが整うとエダジマが乾杯のあいさつをするという。エダジマは立ち上がって話し始めた。

「マサ、はるばる日本から来てくれてありがとう。観光客は大体ハバナを見て満足して帰っていくが、キューバならではの所に行きたいという気持ちが嬉しかった。今日はキューバ人の休日の過ごし方を楽しんでくれ！」

そう言い終わると、グラスの音を豪快に響かせながらみんなで乾杯をした。ラム酒はとても良い香りで、ほんのり甘くて、ストレートでも強さを感じずに飲めた。

「キューバのラム酒と葉巻がうまいのは土がいいからだ！」とエダジマが得意気に教えてくれた。

エダジマにも葉巻をプレゼントしてもらった。

「キューバ人の葉巻の吸い方を教えてやる」と言われ、「まず葉巻のお尻の部分を歯で嚙み切って吐き出せ！」と言われたのでやってみる。

葉巻のお尻を噛み切って勢いよく床に吐き出した。それを見たエダジマはぼくに向かって親指を立てている。ターボのライターで火をつけた。少しずつ回しながら吸えと言われた。その方が満遍なく焦げ目がついていいらしい。偉そうに葉巻を吸っているとマリコさんが写真を撮ってくれた。

笑顔で構えていると、エダジマに「それは葉巻を吸っている男の写真の撮られ方じゃない」と言われた。

「葉巻は手を使わずに口にくわえたままで、しかめっ面でカメラを見ろ」とアドバイスされる。

恥ずかしいが、やらないとエダジマの機嫌を損ねる恐れがあるので言われた通りにやってみた。写真を撮って画像をみんなに見せるとテーブルは笑いに包まれた。

一番笑っていたのはエダジマだった。おい、エダジマ、あんたの指示だよ。

しばらくすると、ギターを持った流しのミュージシャンがテーブルの横にやってきた。エダジマが「日本の曲で弾けるのはあるか？」と聞くと「ない」と言われたので、キューバの代表的な曲をやってもらうことになった。

葉巻を吹かしながら明るいキューバ音楽を聞く。

その姿を日本で見られたら、みんなに笑われるだろう。だけど、みんながいないからぼくは真っすぐに楽しめた。

もう満腹なのだが、料理は次々と運ばれてくる。トウモロコシを潰して煮た、キューバでは有名な家庭料理だといわれるものが運ばれてきた。マリコさんに「このソースをかけて食べるんですよ」と教えてもらった。甘いトウモロコシの味に辛めのソースが絡まってとてもおいしかった。

食べようとしているエダジマにソースの瓶を渡す。

すると、エダジマは手を振ってそれを拒否してスペイン語で何かを言っている。マリコさんに聞くとエダジマは「俺は辛いのが苦手だから」と言っていたらしい。

嘘だろ。エダジマ、辛いの苦手なの？

激辛イけなきゃダメなキャラだろ。

ようやくエダジマに勝てるものを見つけたぼくは、あえてエダジマの方を向きながらバクバクと食べ続けた。

ruta 21　おしゃれバルコニーとトタン屋根

ハバナへ戻る途中、Lさんの子供が友達の家にいるというので車でピックアップすることになった。車の中で待っていると、「マサ、キューバ人の家が見たいと言っていたけどこの家も見るか？　お金持ちの家だぞ」と声をかけてくれた。「是非！」ということで、マリコさんと一緒に家の中に入れてもらった。

家の外観も、中も立派で、日本でもお金持ちと認定されるであろう立派な一軒家だった。電化製品は欧米のメーカーの最新式のものらしく、子供部屋にはこれまた最新のゲーム機とソフトがあった。

日本を発つ前に見たキューバのドキュメンタリー番組で、キューバ人の平均収入では電化製品は手に入れることはできないと語られていた。だが、海外にいる家族が送金したりプレゼントを持ち込むことは可能だと「コッペリア」でアイスを食べていた時に聞いた。

最新式のスマホを操作しているキューバの女の子は、おそらく海外にいる家族がいて買ってもらったのだろう。

となると、このお家の電化製品も海外の家族から持ち込まれたものであろうか（キューバは海外からの送金なども可能なので、亡命は禁止されているが、亡命した家族がいる方が豊かという矛盾があるらしい）。


庭に出ると、庭先がすぐ海で入り江のようになっていた。

とても素敵な景色だ。

子供がどこかに遊びに出掛けてしまったようで、ちょっと待っていてくれとのことだった。

2階のバルコニーに出て入り江を眺めていた。

隣の家はトタン屋根で、こういっちゃなんだがこの家と比べるとだいぶ落ちる。キューバでは住む家は国からの割り当てだ。その上で、立派な家とボロい家がどういう基準で割り当てられるのか。入り江の水面はゆらゆらとたゆたっていた。


家の中が急に騒がしくなった。子供が帰ってきたようだ。バルコニーに出てきた子供がLさんにあいさつするように促されたけど、照れてぼくの目を見られなかった。

それがすごくかわいかった。

家の外に出る。

ここでLさんとエダジマとはお別れ。

こっそりと今日一日キューバを案内していただいたお礼をお渡ししようと試みたのだが、Lさんはぼくの肩に手を置き「何を言ってるんだ、僕たちもマサのおかげで休日を楽しめた！」と言ってそれを受け取らなかった。

エダジマも「本当のキューバを知ってもらって嬉しかった。俺は日本は遠いから行かないぜ！」と言ってニカッと笑った。

真心がダイレクトボレーで飛んできてぼくの心の網を揺らした。心と心が通じ合った手応えにぼくは胸をふるわせていた。それと同時に、サービスをお金で買わない感覚に鈍くなっている自分にも気づいた。

キューバ人が大切にしている「amistad」という言葉がある（友情という意味）。マルチネス、マリコさん、Lさん、エダジマ、みんなの「amistad」に今回の旅ではことあるごとに心を温められた。

キットカット抹茶味をバッグから取り出し手渡した。車がそれぞれの方向に走り出していく。Lさんは鼻歌を歌っていて、エダジマは窓から腕を出し親指を立てていた。

サラトガの前まで、マリコさんに送っていただいた。明日の最終日は単独行動をする予定だったので、マリコさんともここでお別れ。別れ際に「もし、明日困ったことがあったら連絡してください」と優しく声もかけてくださった。行く先々で、ぼくのめんどくさい質問にも明るく答え続けてくれた。旅行会社のツアーには絶対に組み込まれていないようなディープなキューバを案内してくれたマリコさんに心から感謝。

（ruta 21.5）　ホテル・サラトガのWi-Fi

キューバに滞在中、ホテルに帰るとその辺をぶらぶら散歩したり、ホテルのテラスでぼーっとしたりを繰り返していた。この日は、2階のバーでマンゴーを食べながら葉巻をふかしていた。バーのテレビは日本のメーカーの最新式のものだった。アメリカのPVが流れている。客はぼくと白人の老夫婦だけだった。

今日一日をスマホの写真を見ながら反芻していると、再び帰り際に見せていただいた立派な家と隣のトタン屋根の家のことが気にかかった。

初めてスマホにホテルのWi-Fiをつないでみた。ネットでキューバの住宅事情を調べてみると、立派な家はやはり優等生的な家庭に優先的に国から割り当てられるとのことだった。

でも、優等生的って何を尺度に測るのだろう？

謎だ。

そして、ラテンアメリカはアミーゴ社会なので、当然高いポストにアミーゴがいると良い家が割り当てられやすくなるということもあるらしい。住宅事情とは別に、経済事情でもキューバのアミーゴ社会の中でうまくコネを作れない人や、結局商魂のないバカ正直な人はお金持ちになれないともいえるようだった。

バーの会計を済ませると、屋上のテラスに上がりデッキチェアに寝そべった。夜景となったハバナの街を眺めながら「参ったな〜」と呟いた。半ば、確信犯的にキューバの社会主義に癒やされるつもりでやってきた。だが、その目論みは外れそうだ。日本の自由競争は機会の平等であり、結果の不平等だろう。キューバの社会主義は結果が平等になることを目指していて、機会は不平等といえるのかもしれない。

自分に尋ねた。競争に負けてボロい家に住むのと、アミーゴがいなくてボロい家に住むのだったらどっちがより納得するだろうか？と。そして、その逆も。もしかしたら「競争に負けているから」という理由の方がまだ納得できるかもしれなかった。

そして、日本を発つ前に新自由主義に競争させられていると思っていたが、元々人間は競争したい生き物なのかもしれない。

元々、良い服が着たい生き物。

元々、良いものが食べたい生き物。

元々、良い家に住みたい生き物。

それは当たり前なのだが、それが「元々、平等でありたいという気持ち」をだいぶ上回っていたというところが、社会主義が「失敗したもの」と言われる所以ではないだろうか。で、競争心に寄り添ったのが資本主義であり、新自由主義だとすると、やはり「やりがいのある仕事をして、手に入れたお金で人生を楽しみましょう！」ということがマッチベターとなるのだろうな。

そんなことは学校の授業を真面目に受けていれば高校生でもわかることなのだが、37歳にしてキューバに実際に来てみてようやくわかるのがぼくである。

「丁度よい言い訳を手に入れにきたのになぁ」

ただ、格差が広がって上位5％しか勝てないような競争は上位5％の人たちしか望んでいないのではないだろうか？

月並みな言葉だけど、バランスだよな。

だが、人類の歴史でそのバランスが丁度よかった国や時代など存在するのだろうか？

感じ方も人によって違うし、勝てている人にとってはその場所と時代が丁度いいのだろう。

個人的には「めんどくさいから、中の上でいいんだよ」である。度を超した贅沢はしなくてもいい、度を超した努力もしたくない。だけど、エアコンがない家に住むのは辛い。こうやって書くとただのわがままだが、それを叶えたいならば今の日本では死ぬほど努力しないといけないのかもしれない。

「あぁ、めんどくさい」

El Cuarto Día

4日目

ruta 22　サンタマリア・ビーチ

最終日4日目は、ガイドさんなしで完全に一人で行動すると決めていた。

いまだ見たことがないカリブ海を見るために、どうしてもキューバのビーチに行きたかった。キューバにはバラデロというリゾート地があって、そこは観光客用に整備されていると聞いていた。

だが、バスで3時間ほどかかる。往復で6時間となると海で遊ぶ時間も入れると一日がかりだ。午後はお土産を買う時間も確保したかったので、バラデロは諦めることにした。マルチネスと昼飯を食っている時、ハバナから30分で行けるプラヤ・デル・エステのサンタマリアというビーチがあることを聞く。観光客だらけのリゾート地というよりも、キューバ人御用達のビーチらしい。

キューバの江ノ島といったところだろうか。いいじゃない。そこに行くことに決めた。

バスの出発場所を教えてもらったので、3日目の夜に念のため時刻表を確認しに行った。ホテルを出て、人気《ひとけ》のなくなった夜のハバナの街をぷらぷらと歩き、停留所に行ったのだが驚いた。

バスの時刻表の印字が始発以外薄くなっていて全く見えないのである。バスの乗客たちが指でなぞって見るのであろう、擦れて剝げているのだ。そして、それを修理しないのだろう。スマホのライトで照らしても、始発の9時ちょうどの表示しか目視できない。

「直さないんだね〜」とひとりごとを言いながらホテルに戻る。

「よし！　始発の9時ちょうどのバスだけは確実だから、それに乗ることにしよう」


次の日の朝、ビーチに着替えられる場所があるかわからないし、仮に海の家のような所があってもスペイン語がわからないので中にはいれる自信がない。なので、事前にホテルで海パンを履いていくことにした。これでTシャツさえ脱げば海に入れる。帰りは、カリブの強い陽射しに乾かしてもらい、そのままバスに乗車してしまえばいい。

パナマ帽を被り、ホテルを出る。始発の10分前に停留所に着いた。バス停には浮き輪を持った人たちが、すでにたくさん並んでいた。

行き先の停留所の表示も剝げて読めなかったので、降車する予定の停留所は標識では確認できなかった。

そこで、浮き輪を持った乗客が降りたらそれに着いていくという作戦を立てた。浮き輪を持った白人4人組の真後ろに並び、停留所からピッタリとマークした。

9時を10分過ぎた頃、バスはやってきた（キューバはほとんど時刻表通りに来ないらしい）。ここは、ハバナの旧市街から様々な場所へバスが出ているターミナルなのだが、行列に並んでいると怪しいおっさんがいた。

伸ばしっぱなしの無精ひげを生やし、襟元の伸びきったTシャツとびりびりに裂けたズボンを履いているおっさん。おそらくホームレスだろう。そのおっさんが声を張りあげながら勝手に行列を整えたり、バスを誘導している。そして、バスが到着すると頼まれてもいないのに乗客をナビゲートし始める。

キューバ名物の「勝手に何かの職業をやっている人」だ。もうそれは完全に働いちゃってるんだから、それなら普通に働けばいいのに。

でも、働くのと、勝手に働くのって違うんだろうな。

なぜだか、そのおっさんを微笑ましく眺めてしまうぼく。

そういえば、キューバは社会主義国だけどホームレスは存在しているのだろうか？見た目で判断してしまっていたけど、どうなのだろう？

バスに乗り込むとまず運賃をいつ払うのかがわからない。金額もわからない。とりあえずバスのステップを上がる。みんな乗る時にはお金を払っていないようだ。

「となると、降りる時に払うパターンだな」

先ほどからマークしている、浮き輪を持った4人組の真後ろの座席に腰を下ろす。車内にはあちらこちらに中文が見受けられる。中国製のバスなのだろう。

バスが出発した。

プンタ要塞とモロ要塞を隔てる運河の下の海底トンネルを抜けると、一気に景色が市街地からキューバの片田舎に変わる。太陽の光を受けた南国の植物の葉が、様々な方向に光を散らしている。カリブの島のありのままの風景に目を奪われていると、肩をトントンと叩かれた。

振り返ると、キューバ人の若い女の子が立っていた。スペイン語で何かを言いながら手の平を差し出している。お腹の真ん中にウエストポーチがあってそこに紙幣の束が入っている。

「なるほど、ここで運賃を払うのか！」

急いで財布から10CUCの紙幣を取り出す。いくらかわからないけど、10 CUCあれば足りるだろう。渡すと、5CUCのおつりとチケットを渡された。

なるほど、運賃は5CUCか。これでどのバス停までも行けるのかな？　まぁ、なんとかなるか。ポケットにチケットをねじ込む。マルチネスに30分ぐらいと聞いていたので、出発した時から時計とにらめっこ。まさに30分経った頃マークしていた浮き輪を持った4人組が席を立った。

「ここだ！」

ぼくも急いで席を立ってバスを降りた。


バスを降りると、道路の両脇には南国らしい植物が生い茂っている。

路面のアスファルトは太陽に燃やされて、ビーチサンダルの裏からでも熱が伝わってくる。笑いながら楽しそうに会話をしている浮き輪の4人組を、一定の距離を空けてじとーっとした目で尾行する。4人組が茂みの中の細い道に入っていった。見失わないように尾行すると、奥に白い砂浜がちらりと見えて、うっすらと波の音が聞こえてきた。

道を抜けた。

すると、これでもかというほどのカリビアンブルーが広がっていた。

ぼくは思わず「はははは！」と声を出して笑ってしまった。

なんでだろう、めちゃくちゃ綺麗な海に辿り着けたことがおかしくて仕方なかった。

ruta 23　7CUC

　しばらく、体育座りでニヤニヤしながらカリブの海を見ていた。しかし、さすがに直射日光がきつい。ビーチ沿いには背の高い木などが見当たらなく、日陰がない。ビーチパラソルは借りられるのだろうかと、パラソルの花が咲いている人の多い方にとりあえず歩いてみる。すぐ着くと高をくくっていたのだが、目標地点に定めた場所がなかなか近づかない。砂に足を取られ、直射日光に何度も頭をはたかれながら歩く。

　ようやく人が多くなってきた。

　体は汗だくで、足は重くなっていた。近づいてみるとだいぶ混雑している。

　すると、ビーチパラソルやサマーベッドを貸し出しているように見えるペンキで白く塗られた小屋に辿り着いた。値段が書かれているボードがあるのだが、スペイン語なので何の値段かが読み取れない。小屋の横にダルそうに座って雑誌を読んでいるキューバ人の線の細いおっさんに「オラ！」と声をかけた。

　おっさんは雑誌から目を離しこちらをちらりと見た。そして、ぼくはビーチパラソルとサマーベッドを交互に指差しながら「ウノ、ウノ」と言った。

通じるだろうか？

すると、おじさんは頷きながらぼくを手招きする。キューバ人の海水浴客でごった返す砂浜の、一番海に近い誰も寝ていないサマーベッドを指差す。

値段がわからないので、またしてもとりあえず10CUC紙幣を渡してみた。いなくなるおじさん。

しばらくすると、3CUCのおつりを持ってきてそれを笑顔で渡してくれた。

「グラシアス！」

それを受け取る。ビーチパラソルで日陰も確保できて完璧だ。しかし、混んでいる。隣にはキューバ人の家族、カップルがそれぞれ陣取っている。

東洋人が珍しいのだろうか？　子供がぼくの顔をじーっと見つめている。


サマーベッドに寝そべって海を眺める。綺麗な海だ。バラデロのビーチはこれよりももっと透き通っているのだろうか。

頭の中に世界地図を作る。日本から遠く離れたキューバのサンタマリアをピンチアウトする。

その砂浜に寝ている若林正恭。我ながら笑ってしまった。

たまに、アイスや飲み物を売りにくるキューバ人がいる。木の細い棒に無数にぶら下がったぶどうを売りにくる人もいたりして、日本では見られない光景に胸が躍る。あき竹城のような体格のおばさんも大胆に水着を着て泳いでいた。

そういえば日本の海で水着を着ているおばさんってあんまり見かけないな。どんどん泳げばいいのに。

おそろしく手足の長い若い男の子や女の子が、溌剌とした表情で波打ち際を行き交っている。


海に入りたいのだが、なにぶん一人だ。キューバがいくら治安が良いとはいえ、お金とスマホを置きっ放しにするのは危険だろう。金を取られたらハバナまで帰れなくなる。バッグにビニールのフリーザーバッグが2つ入っているのを思い出した。

よい作戦を思いついた。

一つにはスマホを入れる。そして、それを砂浜に隠す。もう一つには紙幣を入れる。それは海パンの下に履いているインナーパンツの中に入れる。どちらかというとお金の方が大切だからだ。サマーベッドの横を周りのキューバ人たちにバレないように少しずつ掘る。

見つかったら隠す意味がない。

息を殺しながら少しずつ掘る。

隠せるほどの穴ができたところで、スマホの入ったフリーザーバッグをサッと入れて素早く砂をかぶせる。

作戦成功だ。

Tシャツを脱ぎ、インナーパンツの中に紙幣の入ったフリーザーバッグを入れ、海に入る。

人生初のカリブ海だ！

太陽の光に温められた海水が、ここまでの緊張を解きほぐす。

だが、キューバ人に囲まれてカリブ海で泳ぐ自分に現実感が湧かず、おかしくなってきて笑みがこぼれそうになるのを必死で我慢する。俺、今楽しいんだな。

股間に違和感を感じて目をやると、フリーザーバッグに空気が入っていたのか局部のあたりが猛烈に膨らんでいる。キューバの海で股間を膨らませながら泳いでいる東洋人というのはあまりにも奇怪だ。

バレないように泳ぐ。

海から上がって再びサマーベッドに寝そべる。横顔を撫でていく風が心地よい。波の音がサラサラと聴神経をくすぐる。

隣のキューバ人の家族の旦那がビニール袋一杯に海水を溜め込んで、嫁と子供にバレないように背後から近づいている。ピッタリと近づくと一気にビニール袋を頭の上でひっくり返し、ザザーッと海水をかぶる嫁と子供。家族は悲鳴を上げて爆笑している。しょうもないなー、と呆れながら目をつむる。でも、そんなことがやっぱり楽しいんだよなと納得させられて幸せな気分になる。

家族って楽しいんだろうな。


うとうとしていると、突然スペイン語の怒声が聞こえた。

びっくりして目を開けると目の前に、両腕にタトゥーの入った190センチはあるだろう巨漢のキューバ人が仁王立ちでぼくに向かって何かを言っている。

反射的に体を起こした。その表情と勢いから激しい怒りが読み取れる。スペイン語だろうか？　英語だろうか？　こちらに向かって何かを言っているのだが、何を言っているのかはサッパリわからない。

手の平を差し出している。金を要求しているのだろうか。だとしても、一体なんの金を要求しているのだ。ぼくはパニックになった。

カツアゲか？　こんな大勢の人間の前でするわけがない。

巨漢のキューバ人があまりにも大声を張り上げているので、周りの海水浴客は静まり返り視線が一気にこちらに向けられている。

キューバ人の男がパラソルとサマーベッドを指差しては手の平を顔の前に差し出してくる。よく聞くと「Pay!」と言っているのが聴き取れた。なるほど、パラソルとサマーベッドの金を払っていないと勘違いしているのか。それならさっき払った。正義はこちらにある。でも「さっき払った」は何と言えばいいのだろう。スペイン語はもちろん無理だ。怖くて頭が回らない。それでも、目の前の男は矢継ぎ早に「Pay!」と声を張り上げてくる。ぼくの頭の中は恐怖と不服と恥ずかしさが入り交じって混乱している。

気づいたらぼくは大きな声で「ペイ!!!」と叫んでいた。

それでも、キューバ人の巨漢は首を横に振りながら大声で「Pay!!!」と怒鳴る。

ぼくも負けじと「ペイ!!!」。

「Pay!!!」

「ペイ、ペイ、ペイ!!!」

(後で分かったことだが「ペイ！」と叫ぶことは和訳すると「払え！」と言っていることになる。キューバの巨漢に「払え！」と言われてぼくは「お前が払え！」というようなことを言っていたことになるのだ。そりゃ、こじれる)

すると、男はぼくの方を指差しながら先ほどパラソル代を払った小屋に向かって何かを言っている。そうだ！　金を払ったあの細いキューバ人のおっさんに言えばいいんだ！

ぼくは立ち上がりキューバ人の巨漢の男の肩に手を回して、小屋を指差した。男は肩を回してぼくの手を振り払った。巨漢の男に手招きをして小屋に二人で歩いていった。細いおっさんに指で7を作り紙幣を渡したというジェスチャーをする。細いおっさんは巨漢に「こいつは払った」というようなことをおそらく伝えている。話し終わると、巨漢は頭を軽く横に振りぼくに向かって〝もういいから向こうに行け〟と手を払うジェスチャーをした。

一ミリの謝罪の姿勢も見られないことに納得がいかず、動く気が起きない。巨漢の男は細いおじさんを叱りつけるような態度をこちらに見せていて、謝罪をせずに細いおじさんのせいにして逃げ切るつもりだろう。

ぼくはむくれながら踵を返しサマーベッドに戻る。周りの人の視線が集まったのを感じた。恥ずかしさと憤りで、カリビアンブルーを見ても全く幸せな気分には戻らなかった。無銭サマーベッド寝そべりの嫌疑をかけられた身として、何となくいづらい。

せっかくのカリブ海が台無しである。

スマホのフリーザーバッグが埋められている砂浜を掘り返し、それを手に取るとバッグに放り込んだ。そして、サマーベッドを畳んで手に取り、小屋に向かって歩きだした。

巨漢の男の足もとに抗議の気持ちを込め、サマーベッドを叩きつける。そして、ビーチの外へ向かって歩きだす。

巨漢の男はぼくの背中越しで「To go?」と言っている。先ほどと比べるとだいぶ抑えられた声量に若干の反省が読み取れた。

その一抹の反省を入り込める隙と判断し、振り返り巨漢の前に近づき、

「トゥー、ゴー!!!!!」

と大声を張り上げてハバナの街の方角を指差した。

ruta 24　トランスツールのバスに3人

苛立ちに任せて砂浜から道路に出た。

来た時のバス停付近の砂浜からビーチをだいぶ歩いたので、道路に出てもさっきのバス停がどこにあるのかわからない。来た道を戻ればいいのだが、来た道は一方通行でハバナ方面に車が走ってない。帰りのバス停は降りたバス停から離れているのだろうか？

適当に歩いているとホテルが見つかった。ここで帰りのバス停の場所を聞いてみよう。英語がわかる人がいればいいのだが。

ホテルの中に入りフロントを探してうろちょろしていると、ホテルの従業員のおじさんが近づいてきて「May I help you?」と声をかけてくれた。

よかった、英語だ。

「トゥー　ハバナ。ホエアー　バスストップ？」

通じるだろうか？

「Oh, bus stop. Come on」

手招きをして玄関のドアを開けてくれた。バス停まで連れていってくれるんだ。なんて優しい。先ほどの巨漢とは雲泥の差だ。

従業員のおじさんが「Bus stop」と言いながら指を差してくれた。その方向を見てびっくりした。バス停の標識などが一切ないのだ。一本だけ木が生えている場所を指差している。

「ヒアー？」

「Yes！」

おどろいたが「サンキュー！　サンキュー！」とぼくは何度も頭を下げて歩きだした。本当にこの場所がバス停なのだろうかと訝《いぶか》しがりながら木の横に腰を下ろす。

バス停＝標識がある、という認識も国が変われば常識ではなくなるのか。人間の固定観念って自分がイメージするより狭くて頑固なんだろうな。


しかし、待てど暮らせどバスが来ない。本当にここはバス停なのだろうか、と不安になる。待つこと40分、ようやく道の奥に来る時に乗ったバスと同じ車体が現れた。バス停を教えてくれたおじさんを疑ってたわけではないが、安心した。

バスに乗り込むと、行きに運賃を払った女の子が座っていた。行きと同じバスだった。客は一人もおらず、運転手と女の子の2人しかバスに乗っていなかった。こんなに海から早く帰る人はいないのだろう。ぼくだって、あと2時間はビーチにいたかった。屋台が出ていたので、ローカルフードを食べながらビールも飲みたかった。

クソ。あの巨漢、許せない。


出発してすぐ女の子が運賃を徴収しにきた。あ！　ヤバい……。これはマズい……。金が入ったフリーザーバッグが股間に入ったままだ！

どうしよう。

股間からビニール袋を出し、そこから取り出した紙幣をうら若きキューバの女子に渡すのは気が引ける。

ぼくは「ジャストモーメント　プリーズ」と言いながら、女の子に背を向けて座席と座席の間に体を丸めてしゃがみ込んだ。そして、バッグをできるだけ股間の近くに寄せて、いかにもバッグの中を物色しているように見せながら、女の子に向けた背中の死角を利用して股間に手を入れた。そして、素早くビニールを取り出した。勢いよく取り出しすぎて、敏感な部分をビニールの角に引っかけ、「う」という声が漏れてしまった。

それはそれで怪しい。

そして、椅子に平然を装いつつ座り直した。ビニール袋から紙幣の束を取り出し5CUC札を探していると、女の子が手を伸ばして紙幣の束の上に折り重なっていた行きのバスのチケットをつまみ上げた。

それを自分の顔の近くに持っていき確認するとチケットを返された。そして、何かを言ってお金を徴収せずに自分の席に戻っていった。

往復で5CUCだったのかな？（後でわかったことなのだが、ぼくが乗ったハバナから出ている路線バスは5CUCで乗り放題らしい）

そこからはキューバの田舎道をゆったりと眺めながらハバナに戻った。降りる時に親切にバスのチケットを見つけてくれた女の子に多めにチップを渡すと、とてもかわいい顔で微笑んでくれた。

再び、ハバナの旧市街に足を下ろす。

納得がいかないこともあったが、ちょっとした冒険から無事に戻って来れたようでホッとした。

子供の頃、親や先生に「子供だけで向こうに渡ってはダメ」と言われていた橋を「探検」と称して友達と自転車で渡って学区外の地域に行っていた。知らない土地を自転車で走ったり、隅田川沿いの堤防を乗り越えて、水上警察のボートから身を隠しながら川沿いを探検した。

夕方、探検から帰ってくると見慣れた自分たちの街の景色はぼくたちを安心させた。そんな気持ちを思い出させてくれた。

おい、巨漢のキューバ人。
日本に帰ったらラジオでボロクソに言ってやるからな。

ruta 25　音叉

　サラトガに戻り、シャワーを浴びる。日焼けの後に湯が染みる。腹が減っていたので、レストランのあるサラトガの屋上に上がった。プールは観光客の西洋人で混み合っていた。キューバまで来て、ホテルのプールで過ごす意味あんのかな？　と思いつつ、プールサイドの端にあるテーブルの席に着いた。

　ボーイにピザをオーダーして、葉巻に火をつけた。段々手慣れてきた。サラトガのピザはチーズの味が濃くてとてもおいしかった。

「このピザおいしいね！」

「うまいな」

　マンゴージュースはやはり間違いない。街の景色を見ながら、次はどこに行くか考えていたのだが、行き先を決めずに散歩することにした。元々、散歩は趣味だがこんな贅沢な散歩はなかなか経験できないだろう。

　サラトガを出て、カピトリオの前を通り過ぎる。もう、歩き慣れたものだ。途中でアイス屋さんに行列ができていたので並んで買う。ソフトクリームだがものすごく伸びる。

「これ、水飴が入ってるのかね」

「そうかもな」

食べ歩きをしながら、オビスポ通りに入る。観光客でごった返している。道に机を出して、椅子に座りながら工具で何か作業をしているおじいさんがいた。近づいてみると、並んでいる人が１００円ライターのようなものを渡していた。どうやらライターの修理屋さんのようだった。物が少ないキューバでは、こうして古い物を何度も修理して使うらしい。

修理屋さんの手の汚れ、手捌きにキューバのプライドが宿っているようにぼくの目には映り、しばらく見入ってしまった。

「ピアノ弾いてるみたいだったね」

「ほぉ」

オビスポ通りから一本、二本と道を外れるごとにローカル臭が増す。ピンク、ターコイズブルー、エメラルドグリーン、色とりどりのコロニアル調の建物の色に網膜が小躍りしている。

何年前に建てられたものだろうか、随分古く感じる。無数の洗濯物が強めの陽射しを受けて風に揺れている。所々、道に穴が空いているので足を取られないように気をつけて歩く。財政が厳しくてゴミがあまり収集されないらしい。たまにゴミのにおいが鼻をつく。そう考えると、東京は歩いていて臭いと感じることがあまりない。あまりにも臭くないと、少し臭いだけで人は騒ぎ立てるようになるのかもしれない。

「カストロやゲバラが革命をしていなかったら、この道も日本人一人で歩けなかったかな？」

「……そうかもな」

至る所からキューバの陽気な音楽が聞こえてくる。バーから漏れ出した音に乗って手首にビニール袋をぶら下げた80歳ぐらいの老婆が軽快にステップを踏んでいる。

「こういう音楽好きそうだね」

「いいね」

道にテーブルを出してドミノに興じるキューバ人。牌を叩き付ける音が心地よい。子供が騒ぐ声が聞こえるので視線をやると、上半身裸のキューバ人の子供が台車に乗って坂道を猛スピードで下っている。坂の終わりに停めてある車のドアに勢いよく激突すると、車の防犯ブザーがけたたましく鳴り響く。それを聞いて子供たちは爆笑している。激突しては坂を上り、何度も何度もそれを繰り返している。

「ぼくも子供の頃、あれぐらい大きな声で笑ってたよ」

「そうか」

小さな公園のベンチで、ギターやアコーディオンを持った5人組のキューバ人が演奏をしている。

本当にこの国には音楽が溢れている。

投げ銭を受ける帽子などが置かれていないので、趣味でやっているのだろう。立ち止まってしばらく見ているると「Chino?」と声をかけられ、手招きされた。ここに座れと言われたようなので、腰を下ろした後2、3曲聴かせてもらった。

とても楽しそうで、仲が良さそうなおじさんたちだ。「ビエン!」と言って立ち上がった。

「やっぱり、バンドって楽しかった?」

「あれは楽しいよ」

再び小道に入ると、あたりに生活感が増してきた。突然、キューバ人の男に話しかけられた。スペイン語と英語を混ぜて話しているのだろうが何を言っているのかわからない。「ノ、エスパニョール」と言っても、話す勢いは全然衰えない。「Chino?」と聞き取れたので、「ハポネス」と答えると「Japonés, Japonés」と頷いている。「girl」と言っているのが何度か聞き取れたのだが、売春婦を紹介したいのだろうか?「ノ、グラシアス」と言って歩を進める。

「あいつなんて言ってたのかな?」

「……」

「英語だったらわかるんじゃないの？」

「……」

住宅街にポツンと土産物屋があった。中に入ると、キューバ人の女性店員がモップがけをしていた。ぼくには気づいていないようだ。あきらかに偽物のCOHIBAと書かれた葉巻入れ。Cubaと書かれたバットのミニチュア。これはなんだろうか？　紙に砂絵のようなもので、カミーロ・シエンフエゴスが描かれている。世界中でゲバラは人気だが、キューバ人はゲバラと同じぐらいカミーロも愛しているとマルチネスに聞いた。振り返ると、女性店員がモップがけの手を止めてこちらを見ていた。

「クアント、エス」と聞こうとしたのだが、店員の綺麗な顔に見入ってしまって言うのを忘れてしまった。

すると突然「Hola」と微笑まれたので「……オラ」と返して砂絵のようなものを元の位置に戻してそそくさと店を出た。振り返ると、店員はモップを持ったまま入り口から上半身だけを出してこちらを見ていた。

その奥にはスパニッシュ・コロニアル様式のカラフルな建物がずっと奥まで続いていて、そういう景色をぼくは一度も見たことがなかった。

「いやぁ、綺麗な人だったね」

「そうだな」

人の体の中には音叉のようなものがあって、仲良くなるべき人とは言葉を交わす前にそれが共振するんだ。きっと、あの人とぼくは仲良くなれた。

「前から聞いてみたかったんだけど……」

「ん？」

舗装されていない地面をスニーカーで踏む度に砂が軋む音が聞こえる。

「……幸せだった？」

「……」

家の玄関先にただ座り込んでいるおばあさん。笑いながら追いかけ合っている姉弟らしき子供。

「……幸せだったのかな？って」

「……」

道の先に、玄関の前で寝巻きのような薄手のピンクのワンピースを着た女の人が赤ちゃんを抱いているのが見える。近づくと、ワンピースからサンダルに伸びる褐色の脛に太陽の光が反射して輝いていた。

赤ちゃんは母親の胸で安心して眠っている。母親と目が合ったので、頭を軽く下げて再び歩き出す。

「そっか」

「まあな」

すれ違う人は誰もぼくのことを知らないし、失笑もしない。ネットがつながらないので、３日間日本のニュースは何も知らない。

「ありがとう」

「ざまあみろ」

「……はは」

海が近づいてるのか、空がだんだん大きくなってきた。広場では少年たちが野球をしている。

「楽しかったなぁ」

「……俺も」

体のバネがすごい。ハバナは躍動している人をよく見かける街だな。身も心も両方。

そのままぐんぐん進むと、マレコン通りに出た。道を行き交うアメ車のクラシックカーを縫って反対側に渡るとメキシコ湾が広がっている。堤防にのぼって腰を下ろすと強い陽射しを溜め込んだコンクリートの熱がケツを蹴り上げる。

磯の香りとゴミのにおいをブレンドしながら海風が運んでくる。どこかのにおいに似ている。

そうだ。川沿いが整備される前の、子供の頃の隅田川のにおいだ。
スマホに死んだ親父の画像を映し出し「ねぇ、親父」と話しかける。

ruta 26　マレコン通り

小学生の頃のとある日、親父とぼくは隅田川沿いの公園でキャッチボールをしていた。帰りに、滑り台の前を通りかかると、1学年上の男子児童数人が集まっていた。滑り台の上には、腕を骨折でもしているのか、三角巾で吊っている子が体育座りのような恰好で泣いている。他の児童が下から「早く滑れよ！」と囃し立て、他の奴らは笑っている。

「ちょっと待ってろ」

親父はそう言うと、滑り台の方へゆっくりと歩いていった。ぼくは視線を足元に落とした。しばらくして、チラッと目をやると親父が滑り台の下の児童たちに向かって何かを話している。ぼくは視線をまた足元に戻した。しばらくすると、子供たちはふてくされたような足取りで滑り台から離れていった。

その後、三角巾の子は滑り台を下りてきて、親父はその子の手を取って立ち上がらせた。親父はその子の頭を撫でるとこちらに向かって歩いてきた。

「行くぞ」

ぼくは親父の後ろをついて歩きだした。その日から今日まで親父はずっとぼくのヒーローだった。

次の日1つ上の奴らに殴られたけど。


親父は2015年の春頃から入院していた。

ぼくは仕事の前や仕事終わり、合間などに見舞いに行った。病院のテーブルには又吉くんの著作『火花』が置かれていて「おもしろいぞ」と勧められた。

余命が告げられている時なんだから、息子の本を読んでほしかったけど「今度読んでみるよ」と答えた。

別の日は、二人で無言のままテレビを眺めていると、自分が出演している動物番組が始まった。相方が橋となりその上を子犬が渡るという企画が流れ始めた。ボディビルパンツ一丁の相方の体の上を子犬が歩いていて、相方の股間に子犬の足がめり込んで相方は奇声を発していた。

親父は笑っていた。

テレビってすげぇなって思った。


手術の後、数ヶ月ぶりに外出許可が出た時に親父は本当に嬉しそうに上着と帽子を被って外に出た。外を歩くことって、こんなにも特別で気持ちのいいことなんだ。

最期の時を自宅で迎えるために親父は退院した。

自宅に介護用のベッドが来た。為す術がなくなって、自分には何もできることがないと思い知った帰り道。郵便ポストに突っ伏して、天板に拳を何度も打ち付けた。隣のビルに、ポコン、ポコン、という間抜けな音が反響していた。

親父をこんな目に遭わせているのが神様ならば、馬乗りになってこの拳を顔面に打ち付けてやるのに。

親父はこの世を旅立つ3日前に突然パフェが食べたいと言いだした。もう飲み物しか受け付けなくなってしばらく経っていたので驚いた。死ぬ直前に食べたくなるようなものが、コンビニですぐ買える世界にぼくたちは生きているんだ。

親父はパフェを見事に平らげた。

2016年4月14日、親父はこの世を旅立った。

この世で一番の味方を失った気分だったし、おそらくそうなのだろう。早朝に電話を受けてすぐに実家に向かった。

親父が寝ていた部屋に一人で入った。すでに親父の顔には白い布が載せられていた。掛け布団をゆっくりめくり親父の手を出して、握った。

親父と握手したのなんて何十年ぶりだろうね。


実家を後にして、仕事に向かった。

よく芸人は親の死に目に会えない、親が死んでもバカをやらなきゃいけない、などと言われることがあるが、ぼくの場合そういった心境ではなかった。仕事中は分人が違うのでいつも通りだった。こういうものは、芸人魂と呼ばないだろうなと思ったのを覚えている。

逆に、親父が近くにいる（ような気がする）ことに戸惑っていた。


葬儀は仕事の合間で、プロデュース葬というものだった。

宗教にとらわれず、残った家族で葬儀をプロデュースするのだが、忙しくて母親任せになってしまった。

葬儀会場に到着すると、祭壇のど真ん中に親父が愛用していたギターがドンと置かれていた。遺影は右端にポツンと立て掛けられていた。

「いやいやいや、母ちゃん真ん中は親父の遺影でしょ」

「でも、このギターお父さんがすごく大事にしてたから」

「いや、大事にしてたけども」

遺影とギターの場所をチェンジした。

葬儀の終わりには母親が喪主としてあいさつすることになっていた。その時が来て司会の人が母親にあいさつを促した。

しかし、動かない母親。どうしたのかと近寄るとぼくの耳元で母親は「私できないわよ」。

仕方なくぼくがやることになった。

母親があいさつで使うはずだった文が書いてある紙を広げながら、自分の言葉を話すしかなかった。母親の書いた文字に何度も釣られそうになった。まだ白紙の方がやりやすかったのではないだろうか。

火葬場では、火葬炉によって料金のランクが違うことを知った。ぼくは溜め息をついた。こんなところにまで経済は入り込んでくるのか。でも、この溜め息もきっと稚拙なものなんだろうな。それならそれでいいよ。

もちろん一番安い火葬炉。だって、親父は一番高い火葬炉に入るような奴を鼻で笑う男だから。

親父が死んでから、ぼくは悲しみたかった。

でも「俺は物心ついた時から親父はいなかった」とか「37歳まで親父が健在だったんだから幸運じゃないか」と言われると、悲しんではいけない気がした。

東京では。

この街では、肉親が死んだ時に悲しみに暮れることさえも、自意識過剰になってしまっている。

だから、逃げることにした。

知ってる人が誰もいない環境で一人になって思いっきり悲しみたかった。

だって、ぼくは悲しかったから。

筋金入りのファザコンのぼくが、世界で一番の味方を失ったんだ。

一番の親友を失った。

親父の葬儀が終わって落ち着いた頃、母親に親父が旅行に行きたがっていた国はないかと聞いた。

「そういえば、キューバに行きたいって言ってたわね」

マレコン通りの堤防の上からハバナ湾に太陽が沈んでいくのが見える。なんて美しいのだろう。

人間は海に太陽が沈んでいくのを見ると心地よくなるようにできている。そういえば、東京で夕陽って一年に何回ぐらい見ているのかな？


親父の肺に影が見つかったという話を聞いて、ぼくは焦って箱根への家族旅行を計画した。旅館で親父ととことん語り合うつもりだった。でも、実際は照れて上手く話せなかった。蓋を開けてみると、親父と温泉に浸かって「今年のＮＦＬはどこのチームが強いか」そんな他愛のない話をしただけだった。

でも、例えば人生とか、愛とか、感謝とかって実はアメフトの話のようなものの中に含まれていて、わざわざ言葉にして話すようなことじゃないんだ。

語り合おうと思っていた旅館の部屋では、くだらない話。

親父がチョコでコーティングされた柿ピーを母親に頼んでいたらしいのだが、母親は普通の柿ピーを持ってきていて、それを親父に激しくつっこまれていた。

それを見て、ぼくと姉は笑っていた。

親父は絶対に病気を克服するだろうと確信した。

悲しみにキューバに来たはずなのに、そういう気分には全然ならなかった。苦しんでいた親父が他界した時、悲しみとともにホッとした気持ちもあった。親父はもう天国で好きなだけ酒もタバコもギターもやれるんだ。そんな安心があった。亡くなって遠くに行ってしまうのかと思っていたが、不思議なことにこの世界に親父が充満しているのだ。

現にぼくはこの旅の間ずっと親父と会話をしていた。

いや、親父が旅立ってからずっとだ。

スピリチュアルの嫌いな自分が、こんなことを実感として抱くなんて意外だ。生きている時よりも死んだ後の方が近くなるなんてことが、あるんだな。

堤防から腰を上げて、道に下りる。ズボンの砂をはたいてぼくはまた歩きだした。マレコン通り沿いには夕方を過ぎると人がたくさん集まってくる。

キューバに着いた日に、タクシーでホテル・サラトガに向かって走っていた時も、お祭りの後かと思ったほどマレコン通りの堤防沿いには人が集まっていた。

「集まって何をしているんですか？」

マリコさんに聞いた。

「うーん、ただ話しているだけなんですよ」

キューバの街全体にはまだWi-Fiが飛んでいない。だから、みんな会って話す。人間は誰かと会って話をしたい生き物なんだ。

本心は液晶パネルの中の言葉や文字には表れない。

アメフトの話や、声や顔に宿る。

だから、人は会って話した方が絶対にいいんだ。

親父に会いたいな。


あー、そっか。

家族か。

家族。競争の原理の中で、絶対的な味方。

ぼくが生まれて、親父が死ぬまで、親父はずっとぼくの純粋な味方だった。親父がいなくなったら一体誰に誉められればいいのだろうか。一体誰に逆らって生きればいいのだろう。

突然、しゃっくりのように胸の奥がつかえた。

両手を堤防について、下唇をこれでもかというほど噛み締めた。下を向いて、ざらついた感触をさらに手に食い込ませる。

ここまで来ればいいだろ?

親父が寝たきりになった最期の1ヶ月、ぼくは親父にポータブルDVDプレイヤーをプレゼントした。

「ありがとう。楽しみだ」

親父はそれでずっとミュージシャンのライブ映像を見ていた。エンターテイメントってすげぇな。音楽ってすげぇなって思った。寝たきりになってからも人を楽しませる実力がある。

親父が死んだ後、ベッド脇にポツンと取り残されたポータブルプレイヤーを再生してみた。

すると、イーグルスが『Take It Easy』を演奏しているライブ映像が流れた。


ぼくはマレコン通りを歩きながらスマホのイヤホンを耳に入れてイーグルスの『Take It Easy』の再生マークをタップした。アメリカと対立し続けてきた頑固なキューバの道をアメリカのバンドの曲を流して歩く。

ぼくはポータブルDVDプレイヤーから『Take It Easy』が流れてきたのを聴いて、すぐにネットで和訳した歌詞を検索して貪るように読んだ。歌詞の中に親父の信念や哲学が埋まっているのを期待したけど、歌詞は「車が故障して街で立ち尽くし、そこへ走ってきた女性ドライバーの車になんとか乗せてもらおうとする男」のことが書かれていただけだった。

　拍子抜けした。

　親父の哲学はどこだ。


　薄暗くなってきた堤防沿いには、座る隙間がないほどキューバ人が集まってきていた。みんなで笑い合ったり、楽器を持って演奏していたりする。カップルは腰に手を回して海に沈む夕陽を無言で見ている。

　血が通っている。

　白々しさを感じない。

　イヤホンからは何度も「Take it easy」と歌う声が聴こえる。それを聴きながら延々と歩く。アメリカ大使館が見えてきた。

　キューバのアメリカ大使館の周りには無数のポールが立っている。

　なぜか。

　国交回復してアメリカ大使館に昇格する前の「アメリカ合衆国利益代表部」には時折キューバ政府を批判するようなメッセージが書かれた横断幕がキューバ国民に向かって掲げられることがあったらしい。

それをキューバ側は無数のポールにキューバの国旗をはためかせて見えないようにするのだ。

笑ってしまうほどの数のポールが立っている。

笑ってしまうほど立っているからいいよな。

だって、これが高い壁だったら笑えないじゃないか。

あの日の夕方、マレコン通りをぼくが歩いていた時、カストロはまだ生きていた。


ぼくはポールの先をしばらく見上げてから踵を返した。マレコン通りをホテル・サラトガに向かって戻っていく。夕陽は沈み、街灯にはオレンジ色の柔らかい明かりが灯っている。海の色は濃くなって、街灯の光を反射させている。堤防に集まる人はさらに増えた。長い時間歩きすぎて足が重くなり、息も荒くなってきた。堤防に集まっているキューバ人が、マラソンランナーを応援する沿道の人たちのように見える。

スマホからは、狂ったように『Take It Easy』が流れている。そうすれば親父がずっと横を歩いていてくれるから。

キューバのイーグルスは歌う。

「無理をしないで　気楽にいこうぜ」

regreso　東京

機体は羽田上空を旋回しながら着陸するかどうかを迷っている（本当は順調に高度を下げている）。

機内食では和食を選んだ。先付けの彩りに目を奪われた。こんなにサイズの小さい食べ物に、ここまで彩りと工夫を加えることが、日本以外の料理にあるだろうか？　味は繊細で複雑だ。

日本人は勤勉だと言われることがある。

ぼくは、美しい煮こごりを食べながら日本人は集中力が高いのではないかと思った。料理に細かく彩りを加えることも、町工場も、石庭も、会計をすぐに済ませてくれることも、街が臭くないことも、道に穴が空いていないことも、電車が時間通りに来ることも、高度経済成長も、おもてなしも。

ぼくたちやぼくたちの先輩が、競争することで社会全体が成長し、例えば、世界でもトップクラスのライフラインの整った街に住めている。

今回の旅でキューバに憧れを抱きつつも、ぼくは集中力の高い日本人であることに誇りを持った。

眼下には灰色の東京湾沿岸が見えている。

この街は、ぼくが誇りを抱いた街だろうか？　この街で誰にもバカにされずに生きるにはいくつ手に入れればいい？

仕事ができて。

お金を持っていて。

ルックスが良くて。

若くて。

恋人がいて。

もしくは、結婚していて。

子供がいて。

ファッションセンスが良くて。

頭が良くて。

デブじゃなくて。

キリがない。

ぼくはとっくに降りている。

機体は羽田上空を旋回しながらゆっくりと高度を下げている（本当は真っすぐ飛びながら高度を下げている）。


今後、新自由主義はもっと浸透し、ＡＩも普及し、格差はさらに広がるらしい。頭の良い人がイノベーションが起こるから５％足らずの超富裕層にならなくても幸せに暮らせる時代が来ると言っていた。

でも、それはだいぶ先のことと予想されている。つまり、少なくともイノベーションによる快適な暮らしを享受するまでの間はタフだ。

「どうなるんですか？」と聞くと、頭の良い人は「弱者切り捨てですよ」と無表情で言い切った。

イノベーションが起こるまでの間、超富裕層を目指す？

それとも、残りの95％になっても人生を楽しめる？

もしくは、それどころじゃなくなる？

機体は着陸をやめて、再び旋回しながら高度を上げ始めた（本当は順調に高度を下げている）。

上空から見ると、本当に一面灰色の街だ。死に物狂いで格差社会の勝者になって、トロフィーワイフを連れて、ラグジュアリーなパーティをしても空しいし、エアコンのない部屋に住むのも辛いし。どっちにしろ文句をつけて、自己責任から目をそらしているだけなのかもしれない。

新自由主義の競争は疲れるし、社会主義の平等には無理があった。でも、それは行く前から知っていたような気がする。

では、ぼくがこの目で見たかったものって何だったんだろう？　帰りの機内で考えていた。

マレコン通りに集まる人々の顔が脳裏に浮かんでくる。ああいう表情は、どういう気持ちの時にする顔だろう？

この目で見たかったのは競争相手ではない人間同士が話している時の表情だったのかもしれない。

ぼくが求めていたものは、血の通った関係だった。

ぼくにとって、その象徴の一人が親父だった。

夕暮れ時のマレコン通りには、amistad（血が通った関係）がずらーっと並んでいた。

この本は当初の予定であった旅行記をすっかり逸脱してしまったが、最後にキューバの一番のお勧めの観光名所を紹介するとしたら、それはマレコン通り沿いの人々の顔だ。

スマホが普及するまでの期間限定で見られる名所である。


機体は順調に高度を下げ、機体の腹からタイヤを出した（本当はとっくに出ている）。

では、なぜぼくは灰色の街でこれからも生活し続けるのだろうか。ここを出る勇気がないから？　いい歳をして言い訳を探しているだけ？
ここで生活し続ける理由。
それは、
白々しさの連続の中で、
競争の関係を超えて、
仕事の関係を超えて、
血を通わせた人たちが、

この街で生活しているからだ。
だから、絶対にここじゃなきゃダメなんだ。
それにこの街は、親父が生まれて死んだ街だから。
そうか、
キューバに行ったのではなく、
東京に色を与えに行ったのか。
だけど、この街はまたすぐ灰色になる。
そしたらまた、網膜に色を映しに行かなければぼくは色を失ってしまう。

タイヤが地面に接地した衝撃が伝わると、機体はとてもスムーズに着陸した。

そのまま順調に滑走路を進み。

ボーディングブリッジを歩いて空港ビルに入った。

驚くほど素早くトランクはベルトコンベアーに乗って運ばれてきた。

入国審査の職員は途中でいなくなったり踊りだしたりせずに、淡々と作業をしてくれるお陰でスムーズに通過することができた。

羽田空港、あらためて歩くと信じられないほど綺麗だ。

さすが最も クリーンな空港世界1位だ！

日本に帰ってきた。


(タイヤが地面に接地した衝撃が伝わると、機体は大きく傾いた)

(そのまま滑走路を逸れて、緑地帯に突っ込んで停止した)

(CAさんが猛然と走ってきて機体のドアを開け放ち、緊急脱出用のスライドが地面に向かって投げ出された)

(ぼくは緊急脱出用のスライドを滑り下り、全速力で走り出す)

(走ってきた他の乗客にぶつかってはね飛ばされそうになりながら、そして、はね飛ばしながら走り続ける)

(後ろを振り返ると、機体からは黒煙が上がっている)

(空から降ってくる煤を摑みぼくはそれを顔に塗った)

競争の始まりを告げるサイレンがけたたましく鳴り響いている。

ぼくは心の中で唱える。

「ピンク、ターコイズブルー、エメラルドグリーン」

「ピンク、ターコイズブルー、エメラルドグリーン」

モンゴル

チンギス・ハーン国際空港

何故かずっと心の片隅に「モンゴルに行ってみたい」という気持ちがあった。

そう想う時に頭の中に浮かぶのは小学生の時に見たモンゴルのドキュメンタリー番組の映像だった。

その番組で初めて遊牧民という言葉を知った。

東京の木造住宅に住んでいる小学生だったぼくからすると、一つの場所に定住しない人たちがいるというのは衝撃だった。

その番組にはぼくとたいして年齢の変わらない少年が馬に乗って草原を物凄いスピードで走り抜ける姿が映し出されていた。

やっと自転車に乗ることができ始めたぐらいだった自分は、草原を馬で走り抜ける同世代の少年に圧倒的な敗北感を抱いた。

番組の終盤で映し出された夕焼けに染まる草原の映像は圧巻だった。

３６０度の大草原にこの足で立ってみたい。その想いは大人になってからも変わらず、海外旅行の行き先を考えているときはいつも候補としてモンゴルが浮かんでいた。

モンゴルには韓国でトランジットして向かった。

飛行機の出発が2時間近く遅延すると掲示板に出ていたが、遅延の理由がなんだったかは忘れた。

キューバの一人旅で国際線に一人で乗るのにはだいぶ慣れていて、初めてだったら2時間の遅延に動揺していたかもしれないが一人ソウルの空港で「早く出発しないかな」とイライラしていた。

モンゴルの空港に時間通りに来ているであろう宿泊施設のドライバーのことだけが気にかかっていた。


やがて搭乗が始まりやれやれと機内に乗り込んだ。

席に着いて驚いたのだがモンゴル行きの機内のモニターにはパネルのようなものが充てられていて映像が見られなかった。

なので、機内で映画などが見られる手段はなかった。

故障なのか普段からそうなのかはわからない。

離陸してからはずっと窓の下に薄緑色の陸地が見えていて草原が延々と続いているこ

とがわかった。

飛行機は、例えば日本上空なら起伏に富んだ濃い緑の山々が連なっているのがわかるし、アメリカ上空なら土色のゴツゴツした陸地が続いているのが分かる。

草原が続いていると分かる陸地を見るのは初めてだった。

しかし、なぜ高い木が生えないのだろう？

そしてまた、なぜ剝き出しの土でもないのだろうか。

やがて、草原に建物や道らしきものがポツポツと見えて来たなと思っていると、途端に飛行機は高度を下げて着陸した。

チンギス・ハーン国際空港。

いろいろな国に行ってみて感じた事だが、空港のクオリティはその国や都市の経済状況をよく現す。

羽田やアメリカの空港とは違う年季の入った床や柱がワクワク感を引き立ててくれる。入国審査を通過してロビーに出ると、迎えに来ていたドライバーがMasayasu Wakabayashiとお世辞にも綺麗とは言えない字で書かれたボードを持って立っていてくれた。待ちくたびれたのだろう。笑顔がとても疲れている。

ソウルで遅延したことを詫びる。

「もちろん知っていました」

とても上手な日本語で返答してくれた。

空港に着いて思ったのだがモンゴル人の男はみんな骨が太い体格をしていた。ドライバーも例外ではなかった。

腰回りが大きくてみんなケンカが強そうだ。

車に乗り込み出発すると空港のロータリーの芝生の上にいきなりポツンと羊が１頭い

て驚いた。

そこで飼われているのではなく、ふらりとやって来たような雰囲気だった。日本のどの空港でもロータリーに羊がいることはないだろうなと頬が緩んだ。

首都のウランバートル付近はビルも多く見られた。

宿泊施設に向かう途中でウランバートルで一番大きなショッピングモールで夜ご飯を食べたのだが、ここでは特筆すべきエピソードは無かった。

モールを出ると陽が傾き始めていた。

再び車が出発して時計を見ると20時過ぎで驚いた。

モンゴルは陽が長いのだ。


ショッピングモールの駐車場を出て5分もすると、ビルなどの建物は見当たらなくなり、あの少年時代にモンゴルのドキュメンタリー番組で見たような草原がいきなり広がり始めてぼくは息を呑んだ。

道沿いの広場に人だかりができていたので視線をやると、トラックの荷台に何頭もの羊が犇めき合って載せられていて、その周りを男達が取り囲んでいた。

ぼくが注目しているのに気づいたドライバーが、その方向を指差した。

「羊売ってる」

トラックから直接売り買いしているのか。

「いくらぐらいで売ってるんですか？」

「○トゥグルク、日本円で○円。買っていく？」

「いや、大丈夫」

冗談だと思って笑って流した。

「日本より安いよ」

真面目な顔でそう言うのでもしかしたら本気で買うかどうか聞いていたのかもしれない。

やがてトラックや人の姿も見えなくなって、車は舗装された道路を外れて草原の上を走り始めた。

ゴロゴロと音を立てながら、時おり草原の凹みにタイヤが取られて車が大きく揺れる。

バックミラーには土煙が映っていた。

いやが上にもワクワクしてくる。

陽が沈みかけて草原の緑が茜色に染まっていく。

その奥に牛の群れが見えた。

今から飼育小屋にでも帰るのだろうか、トボトボと歩いていた。

車が近づくとその群れの一番後ろに細い枝のようなもの、鞭だろうか、それを持った少女が牛の尻を軽く叩きながら歩いている。

夕陽に演出されたその光景はとても見事だった。

「本来人間は夕暮れに仕事を終えて家に帰るものなのだな」

そう納得させられたけど、それは東京では誰にも相手にされない冗談だろう。

草原の満月

しばらくすると車のフロントガラスの向こうに複数のゲルが点在しているのが見えた。泊まる予定の宿泊施設であろう。なんとなく遊牧民のゲルのような生活感が感じられない。

予約した宿泊施設の看板が掲げられている大きめのゲルの前で車は止まった。

「着きました」

運転手が後部座席に振り返ってぶっきらぼうに言った。

「ありがとう」

ドアを開けて外に出ると薄暗くなった草原がどこまでも広がっていて、顔面に吹きつける風は遥か遠くから流れてきたように感じた。

フロントで自分が泊まるゲルの鍵を受け取って外に出る。

「ではまた明日」

運転手は車に乗り込みエンジンをかけた。

宿泊施設のスタッフが自分が泊まるゲルまで案内してくれた。

観光用とはいえ初めてゲルの中に入るのでドキドキした。

ゲルの扉は茶室の入り口のように低く、だいぶ屈まないと中に入れなかった。

ゲルの内部は実際に一昔前のモンゴル人が生活していた雰囲気を感じられる作りになっていた。

天井を見上げるとゲルの布地が見えてキャンプのテントの中にいるようにワクワクした。

荷物を部屋の端に放ってすぐに外に出た。

日の入り後で薄暗くなってはいるが、視界を遮るものがないので大草原が遥か遠くまで続いているのがよく見える。

それは見たことがない景色であまりにも広大で遠近感がおかしくなった。

顔に吹き付ける風と同じ方向に草原の草も流されているので、風向きがよく分かった。

そう考えると東京は風があっちからこっちに吹いていると分かるものが少ないんだな

と思った。

その景色は子供の頃にテレビで見たモンゴルの大草原となんら変わらなかった。ただ、ひとつ想像と違ったのは地面がかなり乾燥していることだ。

水分をなくした土が固いダマになっていたりして、それを踏むと割れる感触が足の裏に伝わる。

地面から脛の真ん中辺りまで草が生えていて、地面にびっしり生えているのではなくまだらに生えている。

モンゴルの大草原で寝そべるのを夢に描いていたのだが、地面が硬く草も少ないのでとてもじゃないけど寝そべられるようなものではなかった。


夜ご飯を食堂で済まし（何を食べたかは覚えていない。普通のホテルの夕食みたいな感じだった気がする）自分の部屋に戻るとやることがなくなった。

テレビも無いしWi-Fiも使えたかどうか覚えていない。

キューバに行ってから海外には必ず葉巻を持っていくことにしていた。

葉巻とライターをポケットに入れて、ゲルの中の椅子を外に持ち出した。

夜なのにやけに明るいなと思い空を見上げると、これでもかというほど明るい満月が浮かんでいた。

月明かりを受けて薄紫色に輝いた葉巻の煙がゆっくりと流されて行った。

ゲルに戻りやることもないので早々に寝床に入った。

なかなか眠れずにいると外から物音が聞こえて来た。

ジャリ、ジャリ、ジャリ
足音?

音は次第に大きくなって近づいてくる。

ブチブチ、ブチブチ
草を引きちぎるような音も聞こえる。

この時間に草むしりなんてことはないよな。

一体なんだろう。

心臓の鼓動が大きくなる。

モンゴルに来る前に日本で横山光輝さんの「チンギス ハーン」を読破したのだが、ゲルが襲われるときはほとんど夜襲だった。

突然やって来た敵がゲルを壊し物を奪っていくのだ。

そのシーンが頭の中に再現されて恐怖心を煽られた。

観光客を狙った盗賊団だったらどうしよう。

いやそんな筈はない。

見回りの警備員かなんかだろう。

でも、このまま不安でいるよりはこの目で確認して安心した方がいいかもしれない。

ゲルの玄関にそっと近づき恐る恐る扉を開けてみた。

顔の半分ほど扉を開けて隙間から外を覗いてみる。

「えぇ⁉」

ぼくは目を丸くした。

そして、ゆっくり音が出ないように扉を閉めて振り返った。

「馬だ」

気を取り直して再び扉をゆっくり開けた。

月明かりに背中を照らされた黒い馬が2頭、目の前で草を喰んでいた。

ブチブチッという音は馬が草を噛みちぎる音だった。

「馬だ」

もう一度声に出した。

ほとんど音のない深夜の草原で満月に背中を照らされた馬が草を食べているのをずっと眺めていた。

草原と最新機器

翌日、朝起きて丘の上にある食堂に行って朝食を済ました。

食後、外に設置してあったベンチでお茶を飲みながら草原を眺めていた。

グランドキャニオンですら5分で飽きてしまっていた自分が、草原を眺めるのはなぜこんなにも飽きないのだろう。

もしかしたら自分の祖先がモンゴル方面から来ていて遺伝子レベルで懐かしさのようなものを感じているのだろうか？

スピリチュアルがどちらかというと苦手な自分でもそんなことを考えてしまうぐらい草原を見ていると心が落ち着いた。

視界の中の情報は少なく時間はゆっくりと流れていた。するとと突然。

ヴィーーーーン
かなり大きな音量の機械音が聞こえてきた。

そして、視界の下方向から小型ドローンが浮上してきた。

ベンチから立って丘の下のドローンが浮上してきた方向を覗いてみるとリモコンを持った白人の男性が立っていた。

いやぁ、そう来るか。

モンゴルの草原に抱いていた妙な懐かしさは最新機器のモーター音で掻き消された。

ぼく以外にもベンチで座って草原を眺めていた人もいたので「これはどうなの？」という視線を投げかけてみたのだが、他の人達は別に気に留めていないようだった。

こいつバカなのか？　モンゴルの大草原を感慨深げに眺めている旅行者など、進歩した科学技術や開発され尽くした街に疲れてここに来たに決まってるだろ。

それを何最先端の電子機器で迎えてくれてんだよ。タコが。

まぁ、でも俺が移動すればいいのか。

ため息をついてお茶を飲み干して席を立った。

自分が泊まっているゲルに戻り、外に椅子を持ち出してまた草原を眺めていた。

するとまた視界の左方向から、ヴィーーーンという音と共にドローンがゆっくりと視界の中心にやってきてまた戻って行く。

椅子から立ち上がって後ろに回ってリモコンを持った男性を見に行く。

石でも投げてやろうかと思ったけど、白人男性がものすごく柔らかい笑顔でリモコンを操縦していたからやめた。

舌打ちを一発だけして部屋に戻り出かける準備をはじめた。

チンギス・ハーン騎馬像

この日はまずチンギス・ハーン騎馬像を観に行くことになっていた。

ガイドさんはモンゴル人で日本語が話せる男性が１人と、話せない運転手の男性が１人だった。

そういえば年齢は聞いていなかったけど２人ともぼくと同世代ぐらいに見えた。


車が出発してウランバートルに入るとだいぶビルが目につくようになった。

ウランバートルの電力のほとんどは火力発電で賄われているらしく、もくもくと煙を吐き出している大きな発電所が度々街中に現れる。

火力発電で温められたお湯が市内全域をくまなく回っているので、その太いパイプもよく目についた。

何年か前までは温められたパイプが張り巡らされている地下に身を寄せ合って暮らすストリートチルドレンが問題になっていたらしいのだが、今は政府や援助システムにより改善されたらしい。

1時間ほど車で走ると施設の駐車場についた。

車を降りてしばらく歩くとシルバーに輝く巨大なチンギス・ハーン像が見えてきた。

地上40メートル。その大きさにモンゴルの方々の尊敬の念が伝わってきた。

だが、この場所で心に残ったのはハーン像ではなく施設の地下1階にあったモンゴル高原などで発掘された埋蔵物の展示コーナーの槍だった。

そこに一本槍と三叉の槍が展示してあった。

三叉の槍は式典などで使われる槍で、3つの刃は過去・現在・未来を表す。

そして、一本槍は戦闘の際に使われる槍で現在のみを表す。

そうガイドさんが説明してくれた。

その話を聞いたときにふと思い出したことがあった。

もう十何年も前のことだが、漫才をやる前に舞台袖で緊張していた時のこと。

「失敗することを恐れるというのは未来のことを恐れているのだな」

そんなめんどくさいことを袖で考える人間だった（今も）。

失敗した時のことではなく成功した時のことを思い浮かべよ、みたいな生まれつきポジティブな奴にしか効き目のないような言葉は自分にはなんの役にも立たなかった。

でも、細々と積み重ねた過去と失敗する未来とのクラッチを切って、最初のセリフだけを諳んじると不思議と心が落ち着くのだった。

この槍を握っていたモンゴルの人たちは戦いの時は今に集中して式典では過去と未来との繋がりを大事にしていたのだろうか。

ぼくはスマホを取り出して2本の槍を写真に収めた。

今も袖で緊張している時に一本槍のことをよく思い出す。

13世紀村

ハーン像の次の目的地は13世紀村だった。

13世紀村はチンギス・ハーンの時代のモンゴル帝国の暮らしを再現したテーマパークだ。

ハーン像からどのぐらい車で走ったかは忘れたが1時間もかからなかったような気がする。

道中、渋滞によく巻き込まれた。

モンゴルは道路自体が少ないので道は混雑していた印象がある。

渋滞中、日本ではあまり経験しないドライビングテクニックを体感することになった。

まず、渋滞にハマっていると運転手が車を道路の横の草原に出して他の車を追い越してまた本線に横入りする。

それは、もう複数台の車がそうしていて度々横の草原を車が猛スピードで走り去っていく。

そして、ここからが驚きなのだが、向かいから走ってくる車が見当たらなければ対向車線にもはみ出して追い越しをするのだ。

思わずグリップを摑んでしまうのだが、日本だったらまず経験しないことだろう。何より危険だ。

しかし、対向車線にはみ出して何台か追い越し、再び車線に戻ろうとしてもクラクションを鳴らされるようなことは一度もなかった。

そして、びっくりしたのは対向車線に車が走ってきたら向こうが減速するのだ。

かなりヒヤヒヤしたのだがどこかでそれを楽しんでいる自分もいた。


渋滞中の道路の路肩には大声を張り上げながらビニール袋を掲げている子供達がよく目についた。

これは、食料、特に肉類を売っているとのことだった。

モンゴルでは働いている少年少女をよく見た。

日本には原則的に中学を卒業するまでは仕事ができない決まりがある。

15歳以下の子どもが働いている姿を見ることにあまり慣れていない自分に気づいた。

当たり前のことだけど、日本は15歳以下の少年少女に義務教育をしっかり受けさせるという育成の仕方をしているんだなと改めてそんなことを思った。

そして、自分もそれを経ている人間なんだなと再認識した。

車は舗装された道路を外れてゴロゴロと草原をひたすら走っていた。

遠くにゲルが見えてきて近づくと車は停まった。

「ツキマシタ」

ガイドさんにそう言われて車を降りると、高台の上の木材で作られた台座のようなものの上にバカでかいゲルが1つあった。そこがチンギス・ハーンの暮らしていたゲルを再現したものとのことだった。

その周りを守るように小さいゲルがいくつかあった。

ここは王侯貴族の村(ハーンの生活を再現してある)、そして少し離れたところにシャーマン村、職人村、警備村、文化村、遊牧民村がそれぞれあるとのことだった。村によって住居や生活スタイルに違いがあってそれが再現されていた。

職人村に行った時は、当時の服や戦闘の時に使われる防具などがたくさん置かれていた。

横山光輝さんの「チンギスハーン」には細かく描かれていない部分だったが、戦士が戦い続ける物語の裏側で職人が武器や防具や生活用品などを作って支えていたのだろう。

シャーマン村に行った時はスピリチュアル嫌いのぼくでも、村を治めるためにシャーマンの存在は必要不可欠だったんだなと肌で感じた。

理由のない厄災に理由をつけて儀式を行うことで気持ちを落ち着かせることは、集団を統治するのに必要なことだったのだろう。

文化村では自分の名前をモンゴルの文字で墨汁で書いてもらった。

それを手渡された時に、なんだか村の一員として認められたような気がして嬉しかった。

どの村のどのゲルにも囲炉裏のようなものがあって鉄製の籠に黒い塊が入っていた。

何か聞くと、家畜の糞で昔は火をつけて燃やす貴重な燃料だったらしい。

13世紀当時のトイレも再現されているということでせっかくだから入ってみた。

直径2m程の大きな穴に年季の入った木の板が2枚渡してあるだけで、踏み外したら糞尿塗《まみ》れは免れない非常にスリルのある状況で用を足した。

最後は王侯貴族の村。ハーンの暮らしていた一番でかいゲルに入った。

中に仕切りはなく、一番奥に豪華な玉座があった。おそらくハーン専用だろう。

後ろに様々なモンゴルの13世紀あたりに着られていたであろうデザインの民族服がハンガーにたくさんかけられていた。

これを着て写真を撮るんだよ。ということを伝えるためにガイドさんが服を指差してはシャッターを押すジェスチャーをしていた。

ぼくは結構ノリノリでハーンの衣装に袖を通した。

玉座に座って偉そうにポーズをとってみたのだが、スマホで撮った写真を見るとまったく似合ってなかった。

なんでこんなに似合わないのだろうと写真をしばらく見ていると理由がわかった。どう見ても顔が大将面ではないのだ。

首を傾げながらハーンの衣装を脱ぐと、ここで昼食として13世紀にモンゴルの人が食べていた料理が運ばれてくるとのこと。

それまで15分ほど時間があると言われたので少し外を見学してきますと一人外へ出た。

入り口付近に物見櫓があった。

誰もいないので大丈夫だろうと梯子に手を掛けた。

登り切って下を見ると結構な高さがあった。

遠くを眺めてみると遠近感を失うほどどこまでも草原が広がっていた。

その時思ったのだがぼくは武将ではなく平の衣装を着て物見櫓に立っているのが多分似合う。きっと見張り番面なのだ。

振り返って村全体を見る。

職種によってゲルが分かれているのがよく分かる。

戦う人がいて、職人がいて、シャーマンがいて、みんなそれぞれ一人一人がプロで、分業でもってこの集団を動かしていたのだな。

どの仕事も欠かせないものだ。

ふと思った。仕事が全くないお笑い芸人であった20代の時にアルバイトをしていたが「この国（この街）の分業の1つを担当している」なんて実感を得たことはなかった。「いつまでアルバイトでやっていくの？」と言われ続けて、自分が何か間違っていることをやっているような後ろめたさがあった。

その後ろめたさの正体は、自分の存在が集団（社会）に必要とされていないという感覚だった。自分の存在をこの社会のお荷物のように感じていた。

13世紀村の景色を眺めながら、仕事があって金をもらえるということはどんなことであれ社会という人間の集団に必要とされているということなのに、なぜその実感を得られなかったのだろうかと思った。

この草原にたくさん家が建ち、ビルが建ち、道路ができて、東京のような街になってくのを想像した。

集団が大き過ぎると分業でもって集団に貢献できている実感を抱きにくいのかもしれない。

集団に必要とされているという実感を得る機会は、いろいろなことが便利になって減ったのではないだろうか。

ネット通販で大概のものが買えて、コンビニは今ではセルフレジの店舗もあって将来無人化されるという話も最近はよく聞く。

生きている人間に面と向かって「ありがとう」と言われたり「ごちそうさまでした」と言われる機会は減ったし、これからそれはもっと加速していくだろう。

ぼくはテレビに出る仕事をしているが、ライブのお客さんよりテレビの方が圧倒的に見ている人数は多い。

だけど、ライブの方が他者と繋がる実感が断然ある。

観ている人の数は数百万人単位の差があるにもかかわらずだ。それは、目の前で生きている人間の表情や声を聞けるからであろう。手応えがあるのだ。

話を戻すと、勿論世の中が便利になるということはぼくも嬉しい。だが、一回よく考えたいのは他者に必要とされる実感が希薄になると人間に何が起きるかである。

ここ数年、よく聞くようになった〝承認欲求〟というキーワード。それが使われる回数の増加は必要とされている実感（所属欲求）が満たされる機会が減ったことが一つの原因だとぼくは睨んでいる。

SNSのフォロワー数の競い合いは、世の中にどれだけ必要とされているかを数値化した上での競争だ。

いかに信用を得てリアルでもネット上でもフォロワー数を増やすかを指南する書籍がここ数年ずっと本屋さんには平積みになっている。

ぼくはずっとモヤモヤしていた。

なぜかというと、その競争はこれまでのどれだけ金を持っているかの競い合いとほとんど一緒ではないかと疑っていたからだ。

金もフォロワー数も世の中に必要とされている数値の競い合いに他ならないのではな

いか、と。

再び13世紀村を眺めてみた。

この街で、自分が武器を作る職人となりその武器が戦士に必要とされたら嬉しいだろうな。

でも、村がもっと大きくなって武器職人が一人、また一人と増えて、その武器が自分が作った武器よりも出来が良くて、今まで喜んでくれていた人たちが自分の武器を求めなくなったら寂しいだろう。

「この村でハーンに必要とされなかったら辛かっただろうな」

キューバの革命博物館で、革命軍の写真を見ているときはカストロやゲバラにハマらなかったら辛かっただろうなとは一度も考えなかった。

でも、なぜ13世紀村ではそんなことを考えるのだろうか。

そう思った時にこんな話を思い出した。

ゲームアプリの開発者の方と話していた時に聞いた話だ。

学校でいじめられている男の子が、ゲームアプリの世界ではみんなを救うヒーローだった。

そして、その子はそういう居場所があるからどんなに辛くても学校に行くことができた。

その開発者の方は「そういう救いの場を作りたくてアプリを作った」と言っていた。ハーンの村だけであったり、自分が勤める会社だけだったりに比べると、今は自分の所属先を現実社会でもネットでも複数持てるすごい時代だ。

ぼくは、物見櫓から13世紀村を眺めて絶対仕事先以外にも所属する集団を作ろうと決心した。

具体的にいうと、金やフォロワー数のような数字に表されるようなものではない揺るがない心の居場所を作りたいと思った。

そういう居場所を複数持っていれば、一つの村に必要とされなくなった時に他の居場所が救いになるからだ。

この先で、芸能の世界から必要とされなくなった時にぼくは絶対に所属欲求の危機など感じてやらない。

そのためにも他の居場所を必ず作ろう。

寂しい人は金やフォロワーを持っていても持っていなくても寂しい。

若い時の自分にもし会ったら「売れていようがいまいがアルバイトだろうが何だろうが社会の分業の一つを担当しているということにまず胸を張れ。芸のことはその後だ」と言うだろう。

でも、金やフォロワー数が及ばない居場所ってどこにあるのだろう？

東京に帰ったらじっくり考えてみよう。

そんなことを考えながら梯子を下りた。


そろそろご飯が運ばれてきたかなと食堂のあるゲルを覗いてみるとテーブルに料理が並べられていた。

料理は羊の肉から出汁をとったうどんのような麵料理と羊肉の揚げ餃子。

とても美味しそうで、何故か懐かしさのようなものも感じる。

早速うどんから箸をつける。

「クサくないですか？」

ガイドさんにそう聞かれたけど、全く臭みは感じずとても美味しかった。

そういえば、俺ラムが好きだったな。やっぱりモンゴルのＤＮＡが入ってるのかな？

「日本の人たまにクサいって言う人いる」

ガイドさんが餃子を口に運びながら言う。

「へー、信じらんないな」

ついには追加料金も払っておかわりまでしてしまった。

ぼくは玉座を眺めながら「ハーンにハマったらそれはそれでおいしいな」と2杯目のうどんを搔き込んでいた。

草原の夫婦

13世紀村を出た後に、実際に今現在遊牧民の暮らしをしている家族を訪問することになっていた。

ぼくはこの訪問を旅のだいぶ前からとても楽しみにしていた。

東京という街でしか生活したことのない自分の目にモンゴルの大草原で暮らす人々は一体どのように映るのだろうと。

車は一つのゲルの前で停まった。

このゲルに住む家族がぼくの訪問する家族だ。

近づくとゲルの扉は開け放たれていて、ガイドさんがモンゴル語で中に向かって何やら話し始めた。

ゲルの横には発電機のモーターがあって、その横に大きなアンテナもあった。

そして、一台のオフロードバイクも停めてあった。

中ではテレビが見られるのだろうか？

バイクで移動もするのか。

ガイドさんに手招きされたので中に入ると一人の女性がいた。

奥さんだろう。見たところ50代ぐらいだろうか。

「日本から来た若林です」

ガイドさんが通訳する。オユンさんというその女性はニコッと会釈してくれた。

ゲルの中は当たり前だけど部屋で区切られたりはしていない。

かなり小さめのフレームにモンゴル調の彫り物がしてあるベッドが3つ。

端にテレビが1台。テレビは薄型だった。

そして冷蔵庫に洗面台。洗面台の蛇口の上にはプラスチック製のタンクがあって、そこから水が出る仕組みだった。

昔、お金がない頃風呂なしのアパートでお湯が出なかったので、同じようなタンクに沸かしたお湯と水を入れて冬は髪を洗っていたのを思い出した。そのどこかのホームセンターで買ったタンクに似ているものだった。

真ん中には薪ストーブがあって煙突がゲルの真ん中から外に出ていた。

「サンニン家族、オトウサンとムスコは今仕事している」

ガイドさんが教えてくれた。

部屋で区切られていないゲルで暮らすとなると、プライベートな時間というのは無いんだろうな。

子供は思春期だったりしたら嫌じゃないのかな?

そんなことを考えていると、奥さんが部屋にあった鉄製のボウルから杓子でコップに何やら白い液体を注いでくれていた。

馬乳酒。

馬乳を原料とした乳酒だ。

「オナカ壊す人いるけど飲みまスカ?」

「はい、飲みます」

受け取って飲むとヨーグルトの入ったお酒のような味で、酒の飲めない僕でもとても美味しくいただけた。飲んでいると、自家製のチーズもつまみとして出してくれた。

カチカチに固まった硬いチーズだったけど、しばらく噛んでるとチーズの風味が香ってきてこちらもとても美味だった。

馬乳酒もチーズもオユンさんが作っているという。

すると、旦那さんがゲルの中に戻ってきた。

挨拶すると笑顔で握手を求められた。

旦那さんの名前はボルドさん。よく日焼けした柔らかい笑顔の男性だ。こちらも歳の頃は50代後半ぐらいかと思われる。モンゴルの大草原で仕事をし続けて来たのだろうなという荒さと繊細さが同居しているような手をしていた。ボルドさんは日中は馬に乗って家畜の世話をしていて、それを息子さんも手伝っているらしい。

オユンさんのお昼の仕事は炊事洗濯。そして、先ほどのチーズや馬乳酒を作ったりしているらしい。

夫婦はとても仲が良さそうで、一緒に写真を撮ってもらった時も二人とも照れながらも満面の笑みだった。

ふと、モンゴルに到着した日の夕暮れに見た、少女が家畜を鞭で誘導する姿を思い出した。

この家族は夕暮れにゲルに戻ってきて、みんなでご飯を食べてこの部屋が区切られていないゲルの中でテレビを見たり、話したり話さなかったりしながら眠りにつくのだろう。

そして、次の日も各々の仕事や用事をする。そうやって家族を回してるんだろうな。

ぼくは親父を亡くした後、生まれて初めて結婚願望が自分の体の中に湧いてくるのを感じた。

親父が亡くなる10日前に家族全員に「自分の命よりも大切なものがあることを知れた」という内容のメールを一斉送信してきた。

その時に、自分の命よりも大切なものを見つけたい、というよりも自分のことばっかり考えてきたな、ということをぼくは反省した。

だから、これからは親父のように自分の外に命を使っていきたい。そう思った。

それはキューバの旅でカストロやゲバラの戦いを現地で感じたということも関係しているかもしれない。

まぁ、とにかくそれで知り合いに飲み会を何度か開いてもらったりもした。

だけど、そういう飲み会の席で女性と会話をすることが自分にとってはひどく退屈だった。

いい歳をして年下の女性の話を落ち着いて聞けない自分にこの頃はもうドン引いていたし、諦めのようなものも感じていた。

この際、人生で結婚するかしないかをハッキリ決めたい。その方が分かりやすく生きられる。モンゴル旅行の時はそんなことを考えていた頃だった。

テレビで芸能人の仲良し夫婦の生活模様や、結婚記念日にレストランで顔を寄せ合っている写真、イベント時にホテルのベッドにバラで名前を描いたり、友達が見せてくれた海外での結婚式の後に砂浜でウェディングドレスの奥さんをお姫様抱っこしている写真を見ても、自分もこれがやりたいという気持ちは全くもってなかった。

さすがにそういうものは相手のためにやるのだという文脈も理解していた頃だったが、それをやるぐらいならそういう関係は要らないとさえ思っていた。

だがしかし、今現実に目の前のこの遊牧民の夫婦から自分が感じていることは結婚というよりも共同生活の魅力だった。

日中はお互いの仕事や用事をして、夕方ゲルに戻って夜寝るまでを過ごす。

仲が良い日もあれば悪い日もあるだろう。

たくさん話す日もあれば話さない日もあるだろう。

そうやってまた朝を迎えてお互いの仕事をする。

それを何年も繰り返してきてこの柔らかい笑顔でぼくとの写真を撮ってくれたのなら
ぼくは結婚というものをしてみたいなと思った。

お互いに手を取って見つめ合っているような関係ではなく、お互いに同じ方向に向かって同じペースで歩いているような綺麗な収まり方をしているようにぼくには見えた。

でもなんでそれを東京で感じたことがなくて、モンゴルのゲルの中で感じたのだろうか。

デールにadidas

テレビに出始めた頃、動物が苦手なことでよく笑われていた。見るのは好きなのだが、触るとなると話が違う。犬をガンガン触れる人を不思議に思うほど、自分には嚙まれる未来しか想像できなかった。

こういう気持ちは物心がついた時から動物が好きな人には、いくら説明しても理解してもらえないだろう。

8年ほど前に犬をテーマにした映画のオファーをいただいた。役柄は驚いたことに野犬を保護する青年だった。

監督にはっきりと「犬を触るのが苦手」だと言った。

オファーはなくなるかと思ったが、撮影はトレーナーさんについてもらって犬に慣れる訓練から始まった。

まず拳を握って犬のお腹の下に入れるところから始まって、その後に拳を裏返しもっと慣れてきたら手を広げる。

そして、そこからは撫でてみる、顔をくっつけてみるという順番だった。

訓練がはじまって3日目には休憩時間に犬と散歩していたりしてスタッフさんに驚かれた。

今では動物番組のレギュラー出演者だったりする。

話を10年前に戻す。動物が苦手なことをおもしろがられて、動物園のロケに行きそこで馬に餌をやることになった。

その時に自分でも驚いたのだが馬だけは全然平気だったのだ。

逃げ惑う姿を期待していたスタッフは、躊躇なく餌をやり馬の頭に自分の額をくっつけるぼくを見て不満そうな顔をしていた。

ロケの休憩中も馬に会いたくて一人で厩舎まで行って馬の胴体に体を預けていた。

モンゴル最終日の行程は、馬に乗って草原を散策し遊牧民のゲルを訪問するというものだった。

待ち合わせ時間になったので厩舎前に行くと、2頭の馬が繋がれていた。

スタッフは日本に留学していたことがあるバヤルという名前の30歳のモンゴル人男性だった。

笑顔が柔らかくて人の良さそうな顔をしていた。

このツアーに申し込んだのはぼくだけだったらしく、バヤルと二人だけで馬での散策をすることになった。

バヤルに馬具を渡されて身につけると、馬の乗り方を教えてもらった。

言われた通りに馬の上にまたがってタテガミ越しに草原を見ると、より強くモンゴルを感じたような気がした。

「ワカバヤシさん、馬に乗ったことアリマスカ？」

ロケであったようなかったような。

「ちゃんと乗ったことはないかな」

「マタガルの上手ですね」

社交辞令に気を良くしていると乗馬のレクチャーがはじまった。

止まって欲しい時は手綱を引く、スピードを上げたい時は手綱を緩めてお腹を踵で軽く蹴る。

なるほど、なるほど。

もっとスピードを上げて欲しい時は「チョ！」と言いながら腰を浮かす。

「まぁ、チョ！　は使うことはないと思いますが、ではスタートします」

手綱を緩めて踵で軽く馬のお腹を蹴ると、一旦馬の頭が下がったかと思うと前に進み始めた。

馬の蹄がザクッザクッと地面を蹴る音が心地よい。

バヤルが振り返る。

「ワカバヤシさん、上手ですね。本当に初めてですか」

「はい」

「ちょっとスピード上げますね」

バヤルが再び前を向いて馬のお腹に踵を2、3発当てる。

「ワカバヤシさんもやってみてくださーい！」

そう言われて、ぼくも馬の腹に踵を当ててみた。

すると、馬はスピードを上げて馬体の揺れが激しくなった。

「上手です。ワカバヤシさんに教えることもう無いでーす」

しばらく草原を進んで気がついたのだが、よく糞が目につく。

馬と羊と牛がたくさんいるんだからそらそうだ。

そして、たまに牛か羊か馬か、めちゃめちゃしっかりとした頭部や腹部の骨がゴロッと転がっている。

骨があるだけで生死のコントラストがくっきりしてくる。


途中で羊の群れと出会った。

みんなで同一方向に進む羊は健気で可愛かった。

群れの一番後ろに羊の主であろうモンゴル人の男性が大きな馬に乗って悠然としていた。

バヤルにあの男性に話しかけてもいいか聞いた。

「イキマしょう」

馬の上の男性は、モンゴルの伝統的な服に身を包んでいて帽子はadidasのキャップをかぶっていた。

その格好がファッションに疎いぼくでもカッコいい！とビリビリに痺れた。

この服よりモンゴルで馬に乗るのに適した格好は絶対に無いだろう。

絶対デニムとかよりこっちの方がカッコいい。

帽子だけ伝統のものじゃないのも最高にカッコいい！

「写真を撮ってもいいですか？」

バヤルに訳してもらう。

馬上の男性はあまり芳しくない表情。

バヤルは少し困った顔をしながら「ヒツジを撮れとイッテます」と言った。

続けて「モンゴルの人、シャイナヒト多い」

そう言っている人にスマホを向ける気にもならずスマホをしまった。

「じゃあ、ストレスってありますか？って聞いてもらえる？」

バヤルに訳してもらう。

バヤルが振り返る。

「ストレスって他の言葉でなんてイイマスカネ？」

「うーん、仕事で何かイライラすることとか？」

バヤルがまた訳す。

「夜に馬をホウボクして柵の中に戻そうとしたら5㎞ぐらい遠くに行っていて戻すのがメンドクサイとかソウイウコトカ？って言ってマス」

ぼくはなんだか急に無粋な質問をしているような気持ちになって恥ずかしくなった。

「オッケー、ありがとう。お仕事のじゃまをしてすみませんでした。と、伝えて」と言った。

話し終わったバヤルが俺に振り返る。

「君もモンゴルでヒツジ飼ってミレバって言ってマス」

「……考えてみます」

バヤルが伝えると男性は少し笑っていた。

偏見かもしれないけど、5㎞先に行ってしまった馬を探すことが原因で慢性的に片頭痛に悩まされることは無さそうだなと思った。

バヤルは馬に乗りながら日本に留学していた時に付き合っていた彼女の話をしてくれた。

30歳で結婚をしていなくて、定職にもついていないので親にうるさく言われていると言っていた。

モンゴルでは首都のウランバートルに住む子どもは、マンションに住んでいたりしてパソコンやゲームに夢中。

遊牧民の子どもは小さな頃から家族の仕事を手伝っていて、学校に通うのも首都に住む子どもよりだいぶ短いという話を聞かせてくれた。

「そうなると成績は首都の子の方がよくなっちゃうの？」

そう聞くと遊牧民の子どもの方が運動は断然成績が良くて、勉強の方も日常から馬や羊の頭数を数えていたり顔を一頭一頭覚えていたりするので成績が良いのだそうだ（バヤル曰く）。

そして、雨があまり降らないから木が生えないこと。

野菜もあまり育たないから自家製のヨーグルトなどで腸内環境を整えることも教えてくれた。

話をしていないときは終始鼻歌を歌っていて陽気な男だった。

「ワカバヤシさん、乗馬上手いから一人で馬に乗って走ってもいいですよ」

そう言ってもらえたので数十分後に待ち合わせ場所を決めて一人で走り出した。

遊牧民の方は旅人にとても優しく、突然訪問しても馬乳酒やチーズをご馳走してくれると昨日ガイドさんが教えてくれた。

そういえば前日に遊牧民の家族を訪ねたときにいただいた馬乳酒とチーズ、あれから後もお腹の調子は全くもって快調であった。

ゲルをひとつ見つけたので訪問してみようと馬で近づいていった。

するとゲルの脇に潜んでいた番犬が吠えながら猛然とダッシュしてきた。

犬の形相にこれは噛まれると思い、馬の手綱を引いて回転させ「チョ!」と声を出して踵で腹を蹴ると馬はこの日の最高速度で走り出した。

振り返ると番犬は足を止めて吠え続けていた。

自分の手綱さばきにこれは完全にモンゴルがルーツだなと確信した。


乗馬の終了の時間が近づいてきて夕陽が見える丘にのぼってバヤルと二人でいると1台の車が近づいてきた。

車は目の前で止まった。

なんだろう?と車を見ていると、デールを着て馬頭琴を持った男性が車から降りてきた。

今から目の前で弾いてくれるという。

バヤルの粋なサプライズプレゼントだった。

バヤルの友達だという奏者の男性は椅子に座って夕陽をバックに馬頭琴を弾き始めてくれた。

音色を聴いていてよく分かるなと思った。

自分がこんなにも音楽が分かるのが不思議だった。

キューバで聴いた音楽はとてもカッコよくて感動したけど分かるという感覚は抱かな

かった。

今のは馬に乗ってゆっくり走っている音で、今のは馬のいななきの音で。

演奏が終わった後モンゴルの夕景の解像度がより一層高くなったような気がした。

帰り道、馬に揺られながらほとんど感動で涙が出そうになっていたけどバヤルの鼻歌の呑気さでなんとか持ちこたえた。

馬にもすんなり乗れた気がするし。

馬乳酒で腹もくださなかった。

馬頭琴の音色はよくわかる。

その「わかる」という感覚は他の国の旅行では抱いたことがなかった。

というか、ほとんどのことが「わからない」人間なのに、あの「わかる」という感覚は一体なんなんだと。日本に帰ってからもずっと気になっていた。

意を決して自分のルーツが調べられるＤＮＡ検査をしたのだけど、結果はモンゴルとは全然違う方向から来たとのことだった。

帰国

日本に帰る飛行機に乗るためにモンゴルの空港で搭乗時間を待っていた。

ちなみにロビーにあった世界各地の時間を表す壁掛け時計は全て時間がくるっていた。

搭乗時間になって飛行機に乗り込んだ。

そろそろ離陸時間かなとシートベルトをしていると突然機内アナウンスが流れた。

モンゴルの言葉と韓国語と英語で3回に渡ってアナウンスが流れた。

すると、他の乗客全員がシートベルトを外して自分の荷物を手にとって不機嫌な顔をしながら飛行機を降りていった。

ぼくは何が起こったかわからずその場で立ち上がって「Why?」と手を広げてＣＡさんに訴えかけた。

すると、ＣＡさんも日本語はもちろんわからない様子で困った顔をしていた。

そうこうしているうちに乗客は全員機内から外に出ていた。

韓国人のＣＡさんは一生懸命に英単語で説明してくれている。

「terrorism」

そう聞こえたので背筋が冷たくなった。

その後に

「headache」

「passenger」

「get off」

「terrorism」

「check」

と聞こえたので、なるほど頭痛のお客さんが降りたからテロ防止のために機体をもう一度チェックするのか！とようやくピンときた。

偏頭痛持ちで「headache」という単語に馴染みがあって良かった。

この時に丁寧に説明してくれた韓国人のCAさんの優しさには本当に感謝している。

その後、飛行機はだいぶ遅れての出発になったのでソウルから羽田への乗り換え便が出発してしまっているか気がかりで仕方がなかった。

ソウルに到着したのは羽田行きの飛行機の出発時間を10分過ぎた時間だった。

ソウルに着いてから羽田便の搭乗ゲートまで猛ダッシュで向かった。一か八かだった。

遠くにゲートが見えた時にはもう既に人気《ひとけ》がなかった。

（ヤバい乗客はもう搭乗済みか！）

ぼくはゲートの50ｍ手前から走りながら自分の帽子を振って「マサヤス　ワカバヤシ！」と何度も叫んだ！

ゲートに着くと特に慌てた様子もなくぼくを見つめているスタッフの表情にもう飛行機は出てしまったかと諦めた。

「こちらの飛行機は30分遅れての出発となりました。搭乗予定時間は15分後です」

日本人スタッフに淡々と説明されて一安心した。

（しかし、この旅行はよく飛行機が遅れるな）

息を切らしながら振り返ると、自分の名前を叫びながら全速力で走ってきたぼくに搭乗を待つ日本人であろう乗客達の視線が一斉に注がれていた。

（見てんじゃねぇよタコ！）

今から日本に帰るんだなと腹をくくった。

アイスランド

ケプラヴィーク国際空港

アイスランドの旅はもう3年も前の事なので記憶がかなり曖昧だ。キューバ旅行のことは4年前なのに鮮明に覚えている。やはり初めての海外一人旅の方が脳へのインパクトが強かったのだろう。

なので、羽田か成田かどちらから出発したのかも覚えてなくて、どこでトランジットしたのかも覚えていない（多分ヘルシンキ）。

アイスランドのケプラヴィーク国際空港に降り立った記憶もなんとなくしかなくて、写真も見返したけど撮っていなかった。

なんとなくキューバ、モンゴルと旅行して余裕をかまし始めていた生意気な自分を思い出す。

ただ、空港からホテルにタクシーで向かう時にイケメンの兄ちゃんが運転してくれていた辺りからは記憶がある。

年末のアイスランドの雪で凍った道をスタッドレスタイヤを履いたタクシーはガシガシと進んでいた。

出発前にスマホにアイスランドのミュージシャンの音源をダウンロードしまくっていたのだが、窓から白銀の景色を眺めていると「これはビョークではなく松山千春だな」とスマホから「大空と大地の中で」を流した。

これがアイスランドの景色と絶妙にマッチして「合うね〜」と満足気に雪で覆われた火山国のゴツゴツとした雪原を眺めていた。


ホテルは1階建てでシンプルな作りだった。

部屋のテーブルの上にかわいらしいサンタクロースのイラスト入りの紙が置いてあって、オーロラが見える可能性がある時間帯が書かれていた。

そして、オーロラが出た時に電話して欲しければフロントに言ってね的なことが書かれていた。

アイスランドの旅はロンドンの旅行会社のツアーに応募していて、ツアー参加者はみんなロンドンの空港から来ているのだが、僕はこのホテルのディナーから途中参加であった。

ディナーの時間まで1時間ぐらいあったので、ダウンジャケットを着て「アイスランドの寒さを体感してやろうじゃないの」とホテルの外に出た。

外はもう薄暗くなっていて辺り一面雪景色の中にポツンと建っているホテルなので、少し歩くだけで心細くなってきた。

気温0℃ぐらいでイメージよりも寒くはなかった。

アイスランドは暖流の影響で緯度の割にそれほど寒くはないらしい。

高い山はなくて木もほとんど見当たらない。転がっている溶岩の上に雪が積もっているので雪面がデコボコしていた。

ホテルから5分ぐらい車道を歩いたところで、完全に日の入りしたのか急に暗くなってきたのでなんとなく不安になって戻ることにした。


時計を見るとディナーの時間が少し過ぎていて、慌てて食堂に行った。

食堂の入り口で突然日本語で「若林さんですよね？」と話しかけられた。

「はい」と答えると、「ツアーガイドの○○です」と日本人女性に挨拶された。

ぼくは（あれ？　ガイドさん日本人なんだ）ととても驚いた。

というのも、日本のデスクの方に電話で「ツアー参加者は9割、もしくは10割ロンドンの方です。一人旅の方も多いです」と聞いていたので、9割海外の方だったら気軽にくっついて行けそうだなと参加を決めたのである。

なもんで、海外の方がガイドさんをやっていると予想していたのだ。

そんなことを考えているうちに「あちらのテーブルの好きなところにお掛けください」と案内されてぼくはさらに驚いた。

なんと、ツアー参加者は9割、もしくは10割日本人の方だったのである。

話が違うじゃねぇか！と慌てていると、さらによろしくないことに気づいた。

円卓じゃねぇか‼

でかい円卓が二つで、それぞれ10人ずつ掛けじゃねぇか‼と。

向かい合っちゃうじゃねぇかと。

4人がけのテーブルに俺一人が良いのよ。

しかも、パッと見全員日本人の方。

家族連れかカップルしかいないのよ〜、と心の中で嘆いた。

せめて一人旅の人が3人ぐらいいて〜、と。

さらに、ツアー参加者の方はロンドン集合だったからかもう打ち解けている。かなり楽しそうに会話をしている。

ぼくは、円卓のたったひとつだけ空いている席に向かって漫才の時の相方の様な速度で一歩一歩ゆっくりと進んだ。

せめて早めに来て先に座っておくべきだった。

そうしていれば後から来た人に「あら？　若林さんですよね？」と声をかけてもらえていたかもしれない。

「ひとりで来たんですか？」と聞かれて「そうなんすよ～」なんつって打ち解けた状態からディナーが始まったかもしれない。

時間ちょい過ぎに食堂に着いた自分をぶっとばしてやりたい。

椅子を引くと、ぼくにはみなさんの会話がピタッと止まる音が聞こえた。

みなさんは会話が止まる音というものを聞いたことがあるだろうか？

ぼくはその時生まれて初めて聞きました。

自意識過剰かもしれないけど、「あれ？　オードリーの若林じゃね？」という視線を5人ぐらいから感じた。

下を向いてテーブルクロスの縫い目をじっと眺めていると最初のスープが運ばれて来た。

ツアーのみなさんは楽しそうに会話しながらスープに口をつけ始めた。

違う家族同士がすでに仲良くなっている内容の会話が耳に入ってくる。

隣の人に話しかけるべきなのだろうが、その勇気が出ない。

今日から3泊4日このメンバーでツアーをするのだから、ここで仲良くなっとかないとどっちみちヤバい。

ひとり無言のまま全ての行程を終えることは不気味だし、みなさんに気をつかわせてしまう。

いつかは、このツアーの中のよく喋る人にならなくてはいけない。

ならば、その第一声は今だ！

ぼくは、スープを半分ほど飲むと意を決して右の腹を押さえながら苦悶の表情を作ってゆっくりと立ち上がった。

そして、そのまま食堂を出た。

廊下をズンズン進み自分の部屋の扉を開け放って、しっかりと施錠してそのままベッドに頭を抱えて倒れ込んだ。

そう、ぼくは39歳にして仮病を使ってディナーから逃亡したのである。

おい、おい、おい。99％日本人の方じゃないか。

ここから3日間どうすんだよ。

ひとり旅の人もいなそうじゃん。

旅行代理店の担当者の胸ぐらを摑むように枕を摑んだ。

はぁ、とりあえず明日だな。明日、必ず話しかけるチャンスがやってくる。そこで必ずやこのツアーに溶け込もうじゃないか。

とりあえず、この後「若林さん、どうなさいましたか？」とガイドさんが俺の部屋に様子を伺いに来ませんように。

数時間後。それにしても腹が減っていた。

自分のリュックサックを探ると飛行機の中で配られたナッツの小さい袋が入っていた。ナッツを持って来た飛行機の中の若林ファインプレー。ぼくは部屋でひとり自分に親指を立てた。

ベッドに横たわり、スープの後は何が出て来たんだろうなーと想像しながらナッツを一粒ずつ口に放り込む夜であった。

ブルーラグーン

次の日の朝、とてつもない空腹感で目が覚めた。

丁度、朝食が始まる時間だったので顔を洗うやいなや即、食堂に向かった。

食堂の入り口に差し掛かると、昨日の忌まわしい記憶が頭の中に蘇る。

これから突入する特殊部隊の兵士のように身をかがめながら中を窺った。

同じツアー参加者らしき家族が1組だけ4人掛けのテーブルに座っていた。

朝食はビュッフェ形式で席は自由のようだったので安心した。

とにかく一人でテーブルでご飯が食べれることが嬉しくて仕方なかったのをよく覚えている。パンを4つぐらい食べた。


その日の行程はまずブルーラグーンに行くことになっていた。

ブルーラグーンは世界最大の露天風呂と言われる温泉施設で、アイスランドを取り上げた旅番組では必ずと言っていいほどよく見かける場所だ。

朝食のあと、ロビーに集合ということになっていた。

約束の時間にロビーに着くとツアーの参加者がすでに集まって談笑していた。

なんとなくひとりでいることに居心地の悪さを感じていると、ガイドさんがやってきて点呼を取るというではないか。

次々と呼ばれていく名字。ついに自分の番がやって来た。

大き過ぎず、かといって小さ過ぎない、別に居心地の悪さは感じていませんよという声量を狙っていく。

「若林さーん」

「……はい」

ちょっと小さ過ぎた。緊張で思ったより喉が開かなかった。

他のツアー客の意識がほんの一瞬だけ自分に向けられたような気がした。

早くこの意識を解いてさしあげなきゃ失礼なのと、解かなくては自分も疲れてしまう。

どうしたらいいのだろう。

うーん。

腕組みをしながら大型バスに乗り込むと後方の二人がけの座席の窓際に一人で座った。


バスが出発すると、ガイドさんは猛然と日本語でブルーラグーンの説明や施設内での過ごし方のコツを話し始めた。

そして、ブルーラグーンあるあるで笑いまで取り始めた。

アイスランドに居ながら東北地方のバスツアーに参加しているような気持ちになった。

しかし、ロンドン発のツアーでこの日本人の数というのはどういうことなのだろうか？

そして、日本で電話で話したツアーデスクの人はどういうつもりで「ほとんどロンドンの方です」と言ったのだろう。

まあいい。とにかくこのツアーに溶け込む方法を考えなくてはならない。

バスはブルーラグーンの駐車場に到着した。

そこから両脇が溶岩でできた壁に挟まれた道をブルーラグーンの入り口までみんなで歩いた。

ぼくは、目立たない最後尾をひとりで歩いた。

中に入るとブルーラグーンのロビーは緑の看板のコーヒーチェーンの店内のようなオシャレな内装だった。

ガイドさんに一人一人手首に装着するタイプのロッカーキーを手渡される。

集合時間を何度も伝えられて自由時間となり、各々ロッカールームに入って行った。

ロッカールームはシステム化されていてとても清潔だった。


水着に着替えて露天風呂に向かった。

外に出ると素肌にガラスのような寒気がピシャリと襲いかかってきた。

目の前には白濁した広大な温泉が広がっていて至る所から湯気が上がっていた。

中に入ると寒さで硬くなった体が温泉の温かさで瞬時にほどかれた。

広さは競泳用50メートルプールが4個分の広さ。浸かりながら歩いていても行き止まりが全然見えない。

そんで外気との気温差で湯気が濃ゆいので、歩いていると湯気の中から急に人の顔がぬーっと現れて通り過ぎると湯気の中にすーっと消えていくのである。

ブルーラグーンの白い温泉泥を顔に塗りたくってパックしている人も現れるので、さながら千と千尋の世界観であった（もしくは「地獄の黙示録」）。

人気《ひとけ》がなくなったなと思っていたら奥の行き止まりにたどり着いた。

本当に笑ってしまうぐらい広い。

行き止まりはちょうど寝湯の状態になれるような浅さ（他は立って鳩尾《みぞおち》ぐらいの深さ）だったので、寝そべってみた。

辺りは一面白銀の世界で仰向けになると湯気の先に空が見えた。

これがもうわかりやすく天国なのである。

こんな場所を誰かが天国と言ってみたのだろうという状況と居心地であった。

手を大きく広げると泥がつかめて「あぁ、さっき顔パックしていた人たちはこういう行き止まりにある泥を顔に塗っているのだな」「ここは乗っからないと損だな」ということで、泥を顔に塗ってみた。

肌が綺麗になるというよりは、他のツアー客に顔を認識されないというパック効果を期待した。

顔に塗ったあと手の平の泥を見ると、他の人が顔に塗っていた白い泥よりなんとなく灰色がかっているような色味だけど気のせいだろうか。

とにかく温泉が広いので他の場所にも行ってみようと、パックをしたまままた歩き始めた。

歩いていると真ん中に浮島のような場所があって、その縁にシルバーのバケツのようなものがあった。

「なんだろう？」と蓋を開けてみるとその中には純白の泥が入っていた。

あ！　この泥をみんな顔に塗ってるのか！

僕が塗ってるのは露天風呂客達が踏みしめた挙句、端に追いやられた汚れた灰色の泥だった。

急いで顔の泥を落として真っ白な泥を顔に塗り直した。

今度は肌についた汚れを落とす効果を期待してさっきより厚めに泥を塗った。

露天風呂を出てロッカーで着替え、ロビーに行くと集合時間まではまだ時間があった。売店があったので物色していると、日本のコンビニやスーパーで見かけるような巻き寿司が5、6個入ったパックが2200ISK（ISK＝アイスランド・クローナ。日本円で当時約1900円）だった。高過ぎて笑ってしまった。

リゾート価格ではあるのだろうけどアイスランドの物価は本当に高かった。

このお寿司のパックには逆に興味が湧いたので買って飲食スペースで食べた。いたって普通の巻き寿司だった。

集合時間がやってきてツアーのメンバーで再び駐車場のバスに向かって歩き始めた。

温泉で温められた顔面の皮膚が外の冷気にあたって心地よかった。

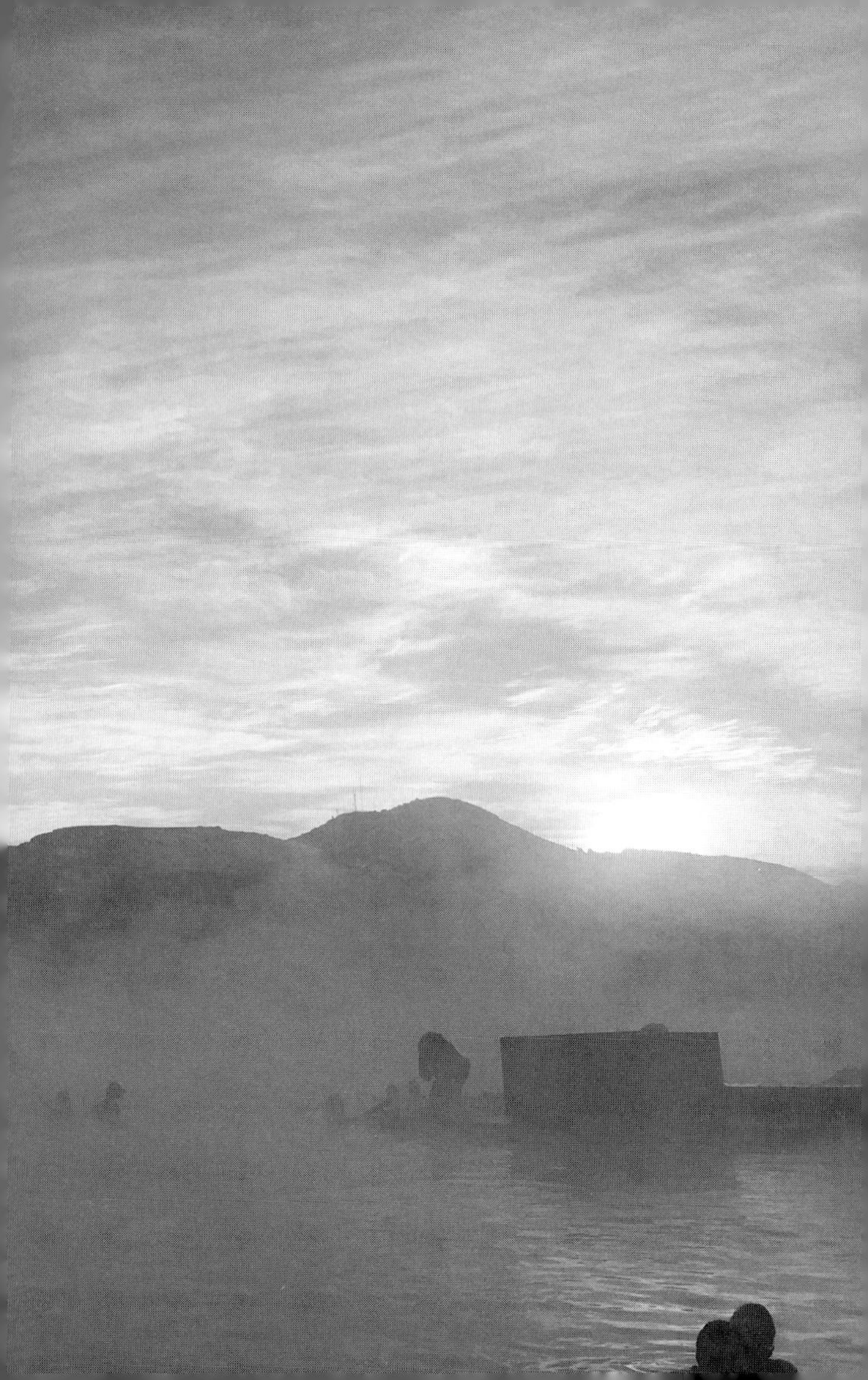

「若林さんって旅人なんですよね？」

あまりにも唐突だったので、ついに優しく話しかけられたいという願望が幻聴となって聞こえてしまったかと自分の耳を疑った。

ビックリしながら声のした方を向くと、20代だと思われる女の子がこちらを見ていた。

（完全に話しかけられてる！）

驚いている場合ではない。先ほどの質問に答えなければ。

「旅人って訳じゃないですけど、最近は休みをもらうたびに外国に行ってみてるんですよ」

なんとか返答した。

「なんかのテレビで、最近旅人なんだっていうのを観ました」

（おそらくダウンタウンＤＸだろう）

「今まで行った国でどこがよかったですか？」

キューバとモンゴルしか旅したことないけど、どっちをチョイスすればいいかな。

「モンゴルはすごくよかったです」

「へ〜、モンゴルですか〜」

「はい、草原で馬に乗ったのが最高でした」

「へ～、いいですね！」

するとと、反対方向からも声が聞こえた。

「アイスランドにはなんで来てみたいと思ったんですか？」

今度は家族連れの奥さまと思われる女性に話しかけられた。

「今日の夜の花火のお祭りがどうしても見たくて」

「あ～、楽しみですよね！」

そんな会話をしているとツアーバスに辿り着いた。

最初の女性は彼氏の元へ。

次の女性は旦那さんと子供の元へ。

2番目に話しかけてくれた女性が僕のひとつ後ろの席に座っていて、

「若林さんチョコレート食べますか？　これアイスランドの有名なやつみたいです」

座席と窓のわずかな隙間からチョコレートを差し出してくれた。

ぼくはチョコレートは食べられない。

「食べます！　ありがとうございます！」

受け取ったチョコレートを眺めながら（話しかけてくれてどうもありがとうございます！）と心の中で何度も叫んだ。

もしかしたら、若林が一人でただならぬ妖気を発しているから誰か話しかけようとみんなで示し合わせてくれたのかもしれない。

いずれにしても、こんな心の扉が分厚そうな人間に話しかけてくれるというその慈悲深さに手を合わせたくなった。

この会話をきっかけにこのツアーのみなさんとも話せるようになるかもしれない。

最初に話しかけてくれた女性の彼氏、あんた素晴らしい彼女と出会ったよ。

次に話しかけてくれた女性の旦那さん、あんた素晴らしい奥さんと結婚したよ。

バスは走り出して車内は静かになった。

本当は気を遣わせる前に自分から話しかけないといけないのだけどな。

チョコレートは日本で感じたことがないぐらい甘かった。

チョルトニン湖の白鳥

バスがホテルに着いた。

ロビーでツアーのメンバーとチェックインが済んでカードキーが配られるのを待っていた。

すると、先ほど1人の女性と話したのを目撃されたからか若林への話しかけが解禁となってツアーのみなさんが話しかけてくれるようになった。

「本当に一人で来たんですか？」

「こういう時にマネージャーさんは一緒に来ないんですか？」

「完全にプライベートですか？」

どんな質問でもツアーの仲間に入れてもらったようで本当に嬉しかった。

部屋に入ってから夕食の時間まで2時間ほどあった。

これは散歩チャンスだと胸が高鳴った。

自分でもなんでここまで散歩が好きなのかわからないが、国内外問わず行ったことがない街を歩くのがぼくは楽しくて楽しくて仕方がない。

逆に知っている場所を歩くのはそんなに楽しくない。

東京で生まれ育って39年ともなると、普段散歩していても、あー、ここも知ってる。ここも歩いたことがある。と、頭の中でぶつくさ言いながら歩いている。

レイキャヴィクの街は高い建物が少なく、なんらかの絵本に出てくる北欧の街そのまんまであった（なんの絵本かはわからない）。

2時間歩きに歩いて途中喫茶店で紅茶を飲んで値段に驚いたり、ガイドブックに載ってたホットドッグを食べたり、やっぱり教会って人間の集団の中心点として効果的なんだな、なんて頭の中でぶつぶつ言いながら歩いた。

凍っている池で一人でスケートをやっている人がいて、あれがもし日本でぼくだったらラジオで話したら笑われるだろうなと思った。

ホテルに着くとツアーのカップルがロビーに居て『笑ってはいけない』おもしろかったです！」と声をかけられた。

え？　日本のテレビってリアルタイムでどうやって見られるの⁉と驚いたけど「ありがとうございます！」と答えた。

こういう時にいつも後悔するのだが、何か話しかけてもらった時に自分で終わらせちゃいけないよな。

「え？　日本のテレビってリアルタイムで観れるんですか⁉」と聞いてもう1ターンやり取りをすればもうちょっと人生で仲良くなれる人も多かったのかもしれない。

その後の夕食は、ホテルでのビュッフェだった。

またしてもツアー客と一緒の円卓での食事だった。

「若林さん、こっちこっち！」

会場に着くと家族連れのお父さんが声をかけてくれて席に誘導してくれた。

ここで初めてゆっくり話すことができたのだが、このツアーのみなさんは全員ロンドン在住の日本人の方々だということが判明した。

なるほど。となると、日本で電話したツアーデスクの人の「ツアーの参加メンバーはほとんどロンドンの方です」という言葉は紛うことなき事実だとようやく納得できた。

ビュッフェに取りに行った時も、

「若林さんこれ食べた？　美味しいから食べな」

と声をかけてくれるツアーメンバーのお父さんが居たり、昨日の夕食を途中で逃亡した自分に教えてやりたいほどのツアーへの溶け込み具合だった。

「イギリスに行って大英博物館を見て回りたい（本当はトレインスポッティングの撮影場所を見て回りたい）」という話をすると、面白い話をたくさん聞かせてくれた。

ご飯の終わり際に、中学生の息子さんが「若林さんとご飯が食べられて光栄でした」と言ってくれて、ここは素直に「こちらこそ」と有難くその言葉を受け取らせてもらった。

夕食の時にガイドさんが言っていたのだが、アイスランドは大晦日に特番のお笑い番組があって、それはもう本当に国民のほとんどが観るからその番組が終わるまで街にはほとんど人が出ないらしい。

お笑いが好きな国民なんだなーとなんだか嬉しくなって、部屋に帰ってからその番組を観てみた。言葉がわからないのでなんとも言えないけど多分コント番組だった。

海外旅行で現地の人気お笑い番組を観るのが好きなのだが、その度に普段日本でテレビを観る時には、その出演者を頭の中の印象と情報越しに観ているものなのだなと痛感する。

窓の外からはカウントダウンを待ちきれない人が打ち上げているのか、もうすでに花火の音が聞こえていた。

アイスランドでは、日本では考えられないぐらいの威力の打ち上げ花火を市販で購入できて（年末の数日間限定らしい）その花火をカウントダウンの前後で一般市民が街中の至る所から打ち上げる。

ぼくはそれを何としても見たくてアイスランドに来たのだ。

RWS
KEBABHÚSIÐ

アイスランドの年越し花火

30代の真ん中頃、効果的なストレス解消法を探すためにいろいろな方法を試してはメモ帳にランキング付けしていたことがあった。

格闘技のジムや一人カラオケが上位に挙がったが、映えある1位は花火であった。子どもの頃から花火が好きだったのを思い出し、激安店で花火を1万円分ぐらい買って海に行った（23区内で打ち上げ花火ができる場所はほぼ無いと言ってもいい）。海で1万円分の花火をしこたま打ち上げた。

これが驚くほどスカッとして帰りの車内は一緒に行った後輩と終始ご機嫌だった。

それからというもの、ネット通販で派手そうな花火を買ってはドライブで海に行って打ち上げていた。

そんなこんなで花火について色々調べるようになり、アイスランドのカウントダウン花火の情報に辿り着いた。

最初に動画を見た時は「クレイジー」というのが率直な感想であった。

そして、これが許される国とは一体どういう国なのだろうと興味が湧いた。

そして、このアイスランドの花火を一生に一度は体感してみたいと夢見るようになった。

年越しのカウントダウンが近づいてツアー客はホテルのロビーに集まっていた。

メンバーが揃いバスに乗り込む。「若林さん、いよいよですね」

ブルーラグーンで2番目に話しかけてくれた奥さまが、これから一緒に悪事を働くようなしたり顔で話しかけてくれた。

「いよいよです」

深くうなずきながら席に着くと日本からこの時のために持って来た一眼レフの電源をオンにして調子を確かめた。

もう既に花火は上がりはじめていたけど、例のお笑い番組が23時半頃に終わるらしくそれからがもっと凄いらしい。

ガイドさんがバスに備え付けてあるマイクを手に持つ。

「自分の身は自分で守るように」

そう何度も言っていた。

アイスランドはレスキュー隊の活動がボランティアで行われていて、この花火の売り上げが年間の活動費に充てられるらしい。

「今日ケガした人もその活動費でレスキュー隊に助けられるんですけどね」

ガイドさんがそう説明していた。

バスは街全体の花火が見えやすい丘に向かって走っていた。

「アイスランドの人は周りに人がいようがいなかろうが花火を上げるので、勝手に歩き回らないように注意してください」

とガイドさんは言っていた。

バスが目的地に到着して、ガイドさんの先導で丘のてっぺんに集まった。

「基本的にはツアーのみんなで集まっていてください」

「お子さんは真ん中の方にいてもらった方が安全です」

そうガイドさんが言っていると、お笑い番組が終わったのか急に花火が上がりはじめた。

本当に３６０度、街の至る所から花火が上がってくる。

爆発音が止むことはない。

至近距離の丘の下の住宅街からも花火が上がってくる。

真横で上げている人もいる。

近づいて見てみると花火は段ボールのような箱の中が８つぐらいに仕切られているもので、その一つ一つからブシュン、ブシュンと音を立てて花火が上がっている。

カウントダウンが近づくと打ち上げられる花火の量はさらに多くなった。

ツアーのみんなでカウントダウンが始まった。

「3、2、1、あけましておめでとうございます！」

みんな手を叩いているけど花火の爆発音で聞こえない。

「若林さん、あけましておめでとうございます。今年もがんばってください。無理しない程度に」

最初に話しかけてくれた女性がそう声をかけてくれて彼氏の元へ戻って行った。

彼氏、悪いことは言わない。その子と絶対結婚したほうがいい。

花火をもうちょっと近くでカメラにおさめたくなって丘を少し降りてみた。

すると、突然真下から花火が上がってきて目の前で炸裂した。

テニスボールぐらいの火の玉が足元に飛んで来て、僕は尻餅をついた。

そして、慌てて走りだし元の位置まで戻った。

「若林さん、体張る番組じゃないんだから」

泥がついたぼくのジーンズを見ながらツアーのお父さんが笑っていた。

ぼくも笑っていた。

しばらくするとバスの出発時間がやってきて、まだ上がっている花火の爆発音を背中に聞きながら乗り込んだ。

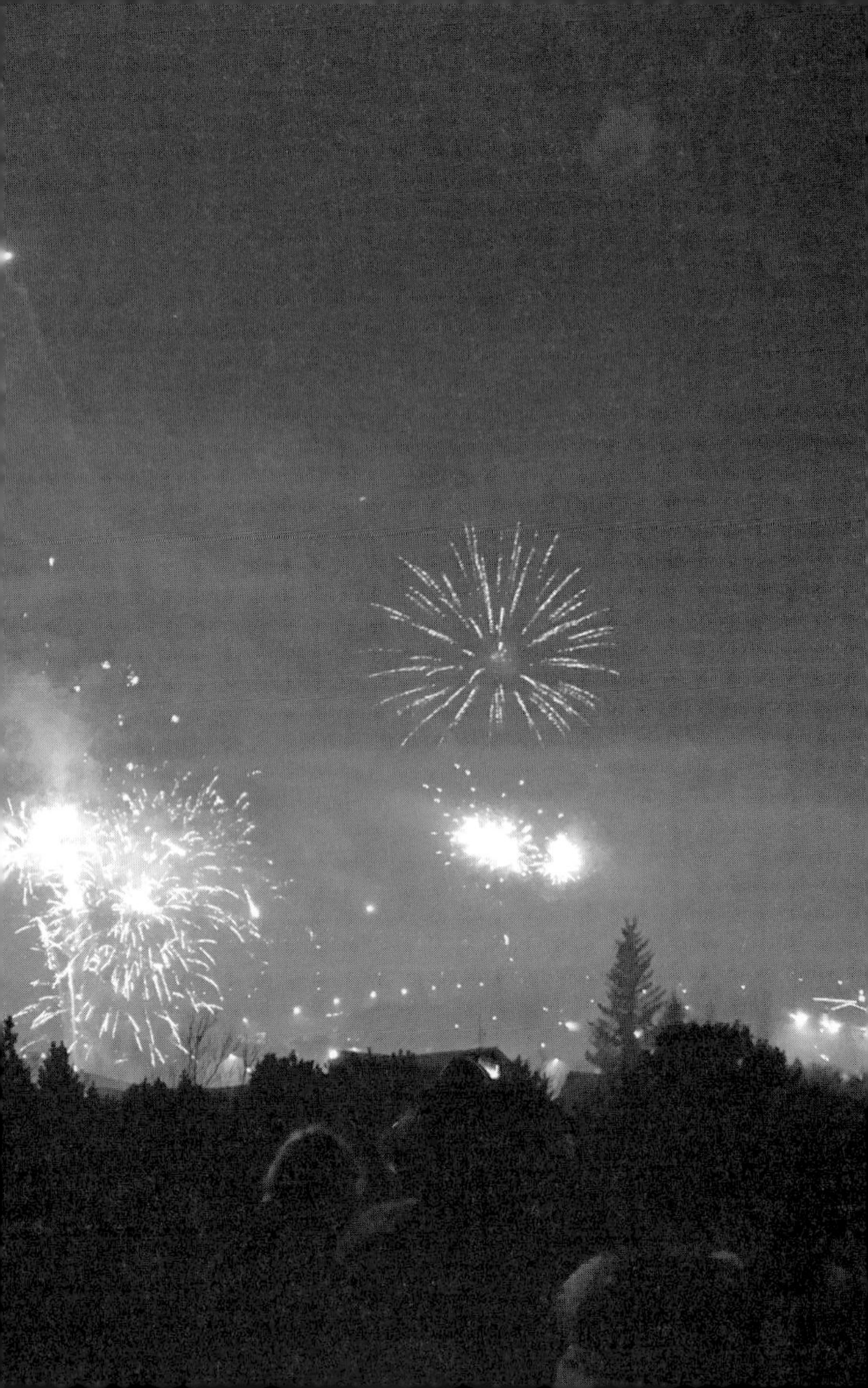

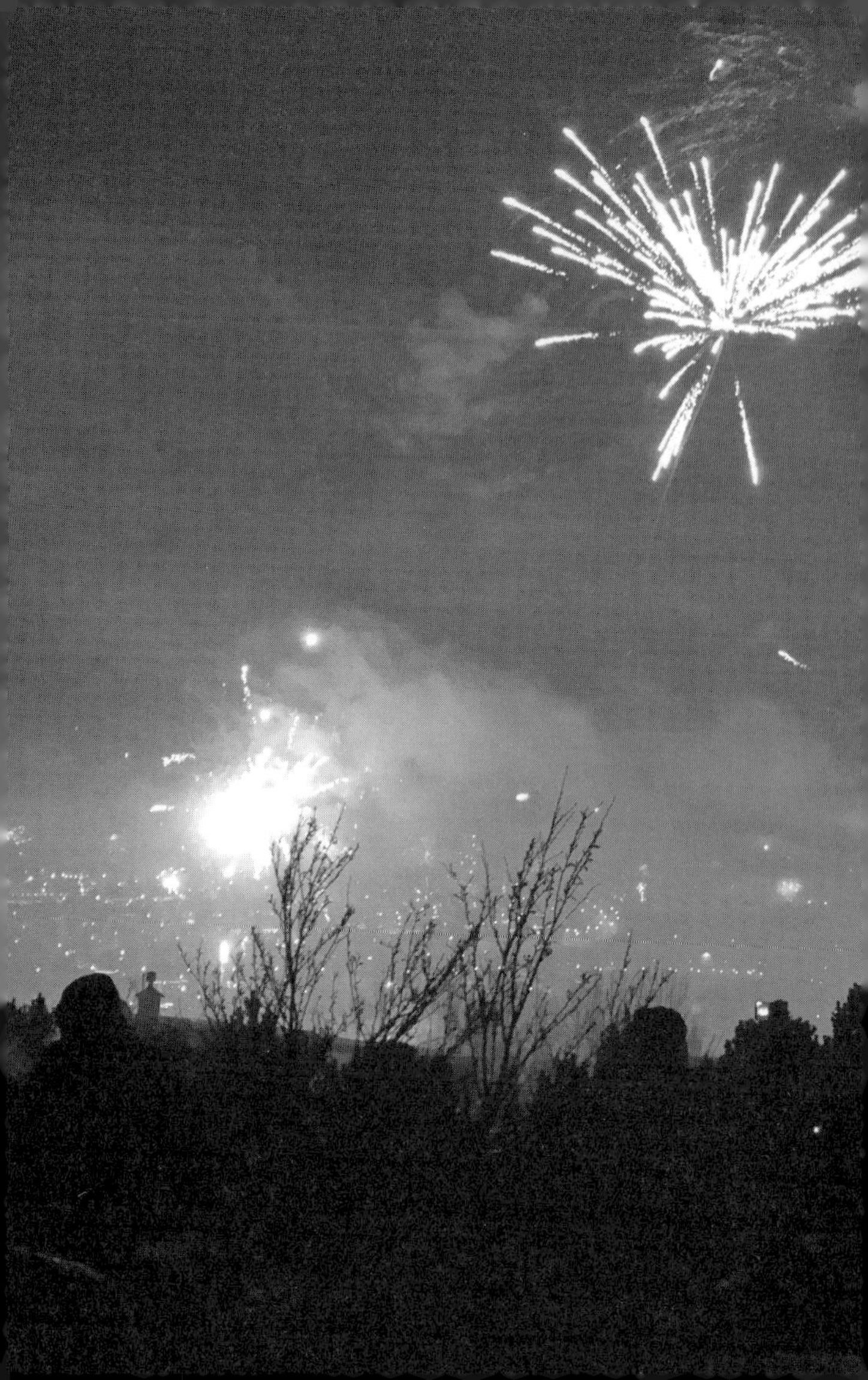

ホテルの部屋に戻りシャワーを浴びて窓の外をみるとだいぶ少なくなったがまだたまに花火が上がっていた。

楽しかったな。

花火の爆発音を聞くたびに心の奥に沈んでいる蟠《わだかま》りも爆破されて流されていくようだった。

ベッドに入って目を瞑る。時折聞こえてくる花火の音が除夜の鐘のように聞こえていた。

アイスランドの大自然

アイスランドツアー最終日はまずシンクヴェトリル国立公園へ。

ここでは何が見れるかというと、地球の裂け目である。

アイスランドはユーラシアプレートと北アメリカプレートの境目に位置している。

この2つのプレートは互いに引っ張り合っていて、アイスランドは毎年数センチずつ土地が広がっていると言われている。

その裂け目が見れるのが、ここシンクヴェトリル国立公園なのだ。

公園に着いて一人で写真を撮りながら歩いていた。

「若林さん写真撮りましょうか？」

ツアーの方が度々そう声をかけてくれるようになっていた。

あまり興味が湧かなくてぐずっているお子さんを連れたお母さんが、困った顔で俺の方にやってきた。

「若林さん、なんとか言ってやってくださいよ〜」

ぼくは男の子の頭に手を置いた。

「このツアーものすごくお金がかかってるんだよ」

そんなことを言えるぐらいには距離が縮まっていた。

公園では地球の裂け目である溶岩の崖の間を歩けるようになっている。

荒々しい溶岩の高い壁が両脇にそびえ立っているのを見ると、地球も動いていて、生き物なんだなと感じられた。


続いてバスツアーでは滝に行ったのだが、なんという名前の滝だったかは忘れた。

アイスランドには有名な滝が沢山ある。

ガイドさんがバスの中でハンドマイクに向かって喋っている。

「滝を見に行く際、坂道が凍っていてとても滑りやすくなっているので気をつけてください」

「できれば崖の上から見るだけにとどめてください」

「そう言っても毎年滑って転ぶ人がいるんですけどね」

バスの車内には笑い声が響いていた。

「自分の身は自分で守ってください」

このツアーでよく聞くフレーズだ。

滝に着くと端から端まで200メートルはあるであろう滝が轟音を立てていた。

もっと近くで見たくなって下に降りることにした。

くだりの坂道は確かに道の表面が凍っていてとても滑りやすくなっていた。

前を歩くカップルの女性が、案の定滑ってジグザグになっている坂道の踊り場までリュージュのように滑っていって行き止まりの草むらにガサガサと音を立てて吸い込まれた。

「キャーーーーー」

ぼくと男性は慌てながらも、自分も滑らないように早歩きで坂を降りて草むらの中に収納されたままになっていた女性を起こした。

女性は恐怖に顔を引きつらせながら「上に戻ろう」と彼氏とともに戻っていった。

ぼくは一番下まで行ったけど、滝壺まで下りの斜面になっている上に地面が凍っていて柵もあってないようなものなので滑ったら川に落ちるだろうなと身構えた。

大自然の魅力とかそういうことに感じ入ることはなく、「落ちたら死ぬな」とただ鳩尾の奥を硬くしながら滝を眺めていた。


続いてグトルフォスの滝へ。

黄金の滝と呼ばれていて、アイスランドで最も美しいと言われる滝らしい。

こちらの滝は先ほどの滝とは比べ物にならないほどの規模と迫力だった。

観光客の数もずいぶん多かった。

滝を見下ろせる場所まで歩いて登った。

グトルフォスの滝は壮観だった。息を飲む、とはこのことで言葉にできない。

ここでもぼくはただただ「落ちたら死ぬな」とずっと身を硬くしていただけだった。

ここに着く前もガイドさんは、

「日本のように柵がしっかりしていません。近づこうと思えば近づけるようになってるので自分の身は自分で守ってください」と言っていた。

滝をただ網膜に映して、轟音に鼓膜が揺さぶられるまま30分はじっと見ていた。

見ている間もぼくはただ「落ちたら死ぬな」以外頭の中に言葉が出てこなかった。


最後は、ストロックル間欠泉へ。

数分おきに20メートル以上吹き上げると言われる間欠泉で、ここも観光名所になっている。

「間欠泉は人間が操作しているわけではないので、何メートル噴き上げるか、何分おきかわかりません。飛沫はとても熱いので風下で待たないようにしてください。自分の身は自分で守ってください」

ガイドさんの名フレーズはここでも繰り返された。

ストロックル間欠泉に着いた。

直径4、5メートルの円形の口がぽっかりと空いていて、バカでかい化け物が呼吸しているような音を立てながら水面が沈んだり浮かんできたりしている。

それを数メートル離れた場所から見守る様々な国の観光客。

いつ噴き上がるのだろうとドキドキしていると、突然水面が巨大なソーダ味のゼリーのようにドーム状に膨れ上がった。

そして、その頂点を水柱が突き破ったかと思うと物凄い音を立てて天を刺した。

水柱は瞬く間に水蒸気の白い煙となって宙に漂い、ゆっくりと風に流されていった。

見物客からは「Oh……」という声が漏れていた。

白い煙を見ながら「なんだやっぱり怒っててていいのか」と思った。

熱くて当然だし、怒っててていいし、ぐじゅぐじゅの不安定でいいのか。

ストロックル間欠泉を見た後、バスに乗り込むとこのツアー最後のディナー会場に向かった。

周りには何もない道沿いにポツンと建っているレストランで、エビが美味しくて有名なお店とのことだった。

最後のディナーは、女性は女性、男性は男性、子どもは子どものテーブルで分かれて食べましょうということになった。

そこで、家族連れのお父さんやカップルの彼氏と男だけのテーブルで一緒にエビを食べた。

「春日さんはこういう時何をやってるんですか？」

ビールを注がれながら聞かれた。

「春日は今はアフリカのロケに行ってます」

それをきっかけに始まった春日の話はウケにウケた。

こういう時に自分の唯一持っているキャラは〝春日の相方〟ということだけなんだろうなと気づかされる。

笑い声に包まれながらビールとエビはすすんで、気づいたらシルバーのバケツの中にエビの殻はいっぱいになっていた。

初日に抱いていた疎外感を思うと、随分打ち解けられたもので皆さんには本当に感謝だ。

今回の疎外感の多くは自分で生み出したものであった。

というか、幼稚園児の頃から感じ続けていた疎外感というものはほとんど全て自分から生み出したものだったのだろうな。

食事の後半、ぼくはもうその場を仕切るＭＣのように、

「お父さん、それは言い過ぎでしょ！」

「そこの彼はどうなの？」

回しに回していた。

この日の夜ご飯は自分の歴史でもトップレベルにうまく回せたのではないだろうか？

まぁ、それはそれとしてこの日の夜ご飯はとても楽しい思い出として頭の中に残っている。

帰りのバスの中ではガイドさんが他の国とは少し違うアイスランドのサンタクロースの話をしてくれた。

アイスランドのサンタクロースは13人いるらしい。

クリスマスの13日前から一人ずつ町に降りてきて24日に全員揃う（なんでみんなで来

ないんだよ)。

それで、12月25日から一人ずつ帰っていく(なんでみんなで帰らないんだよ)。

それで、アイスランドのサンタクロースはイタズラが好きらしい。

ドアを開け閉めして驚かせたり、
鍋の残りを食べたり、
クリスマスのキャンドルを盗もうとしたり。

それで、帰る時に一人一人靴を置いていってその中にクリスマスプレゼントを入れて帰るらしい(プレゼントはちゃんとするのかよ)。

この話がなぜかすごく気に入ってしまった。

オーロラ

帰国する日はぼく一人だけロンドン行きではないので、早朝一人でのホテル出発となった。

なので、ディナーが終わってホテルに帰ると皆さんとお別れになった。

ホテルのロビーでみんなで集合写真を撮った。

「若林さんはこの後オーロラですよね?」

「はい」

「体力ありますねー」

「せっかくだから見ておきたくて」

「ですよね。では、また。テレビ見て応援しますね」

「ありがとうございます。では、また」

ぼくは旅先でほぼ叶えられる可能性が無いであろう「では、また」が好きだ。

ぼくは絶対この先ふとした時にこの人のことを思い出すだろうから、その時用の「では、また」なのだ。

このツアーに応募して本当に良かったなと思った。


花火に比べるとオーロラの方はせっかくだから見ておくかぐらいの気持ちだった。

アイスランドでは、レイキャヴィクの街中でも不意にオーロラが現れることもあるらしく「常に空を見ておいて損はない」とガイドさんが言っていた。

3日間、夜になるとたまに空を見上げていたがオーロラが見えることはなかった。

オーロラツアーは深夜0時にホテル前に集合だった。

オーロラツアーには、今回のツアー参加者の中の半分ぐらいの方が参加していた。

いろんなホテルを回ってきたらしく、バスに乗り込むと様々な国の観光客が座席に座っていた。

ぼくは西洋人の方の横の座席に腰をおろした。

バスガイドの案内も英語だけだったので何を言ってるか全くわからなかった。

オーロラを見る際の注意などを話しているのだろうけど一切内容がわからなくて不安になった。

バスは市街地を抜けて街灯のない真っ暗闇の道を進んでいる。

周りには建物は何もない。

バスはたまに停まって数十分すると再び走り出すを繰り返している。

オーロラが見えるかもしれないポイントを走って回っているのだろう。

3つめのポイントに停まった時に、ガイドのアナウンスの英語の中にラストチャンスという言葉が聞き取れた。

ここが最後のポイントなのだろう。

3つめのポイントに停まると、数人が外に降りて行った。

外に出てもいいのか。

外に出ると同じツアーに参加していた家族連れのお父さんと話すことができて、聞くとやはりこのポイントがオーロラをみるラストチャンスとのことだった。

「そうですかー、見えるといいですね。ちょっと散策してきます」

「はーい、迷子にならないように気をつけてくださいね」

実は少し前から小の方を催していたので、トイレを探すことにした。

そこは、辺り一面雪が積もった雪原でトイレなどの建物は一切見当たらなかった。

さすがにレイキャヴィクの街中よりは冷えた。

オーロラがよく見えるポイントなのだろう、他のオーロラツアーの人たちが50人ぐらいは居たと思う。

バスが出発してしまわないようにチラチラ見ながらトイレがないか一応軽く歩いてみたけどただただ途方もないぐらい雪原が広がっているだけだった。

最早オーロラよりトイレの方が見たくなっているほどに膀胱は圧迫されていた。

これであと数十分ここに留まってホテルに帰るまでを考えると1時間はあるだろう。

そう考えるともう立ちションしかないな。

ぼくは、オーロラの出現を待つ人々から50メートルぐらいの場所まで離れた。

辺りは暗い。つまり、立ちションの際に棒が絶対に見えない位置まで離れればいいのである。

少し高台になっている「あの人は高い場所に行ったらオーロラが見えるかもと思っている人なんだな」と認識されるであろう位置までぼくは移動した。

そこで棒をズボンのチャックから出し排尿を開始した。

立ちションのポーズを取ってしまっては遠くからでも気づかれてしまうので、腕組みをしながら顔は遠くの空に向けてあくまでオーロラを心待ちにしている人の体勢を取りながら排尿した。

排尿の時間は長かった。だが、無事に終えられそうだと思った瞬間下の方から大勢の人が小走りでこっちに向かってくるのが見えた。

え⁉　なんでなんで⁉　体が縮こまった。

でも、ここで棒を仕舞うムーブを見られると立ちションが確定してしまう。

排尿は止まったがぼくはさっきと同じオーロラを探している人のポーズをとり続けた。

こちらに向かってくる人たちの姿がどんどん大きくなる。

外国人の歓声に混じって「出てる、出てる」という日本語も聞こえてきた。

まさか、俺の……。

こちらに向かって来る人たちは、頭を越すフライを追っかける外野手のような姿勢でこちらに下がってきていて、真正面の山の上を指差していた。

つまり山がかかる形でオーロラが出たので、みんな高台でそれをはっきり見ようと移動してきたのである。

「出てる、出てる」の答えはオーロラであった。

下がってきた人たちはぼくの2メートル前ぐらいまで接近していた。

ぼくは棒が出たまま腕組みをして少し内股でオーロラを見ている人になった。

棒が見つからないようにみんなよりはさらに少し高台に上がってオーロラを見た。

もっと高台に上がろうとする振りをして背中を向けた瞬間にさっと棒を仕舞った。

素手で棒を触った瞬間、パピコを触ったのかと思うほど冷たかった。

幸いなことにパピコを出しているのはバレずにオーロラは見られたが、気もそぞろであまりよく覚えていない。

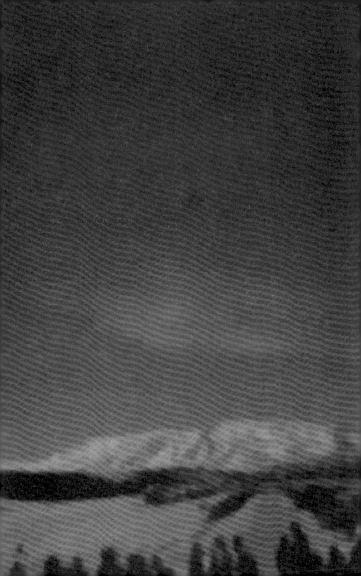

バスに戻るとツアーのお父さんが声をかけてくれた。

「若林さん、出ましたね‼」

ぼくは笑顔で答えた。

「いやぁ、出ましたね‼」

オーロラが見れたこととなんとか排尿できた満足感に包まれながらホテルに帰った。

バスの中でエアコンは効いていたけど、長いこと外に居たので体は冷えに冷えていた。

部屋についてすぐに温かいシャワーを浴びようと服を脱ぐと、アイスランドの外の空気に冷やされてそうなったのかパピコの先端の部分がびっくりするほど白かった。

先端はホワイトサワー味で、手前はチョココーヒー味のような色味であった。

え？　まだ息はあるのか？　と心配になるぐらい白かった。

ぼくはその部分に入念に温かいシャワーをあてた。

アイスランドのサンタクロース

次の日の早朝、一人でバスに乗り空港に向かった。

途中、大きなバスターミナルでバスの乗り換えをしたのだけど、そこのカウンターでチケットの手続きのために何度話しかけても無視されるという思いをした。

こういうことで旅先の国の印象を変えてはいけない。どこの国でもいい人もいれば嫌な人もいる。それだけのことだろう。

空港に着いて飛行機の搭乗まで時間があったので土産物屋を物色していた。

ぼくはたまたま目にした3枚のコースターに目を奪われた。

バイキングがストロックル間欠泉の横に立っているもの。

ブルーラグーンでビールを飲んでいるもの。

オーロラを見ているもの。

イラストのタッチはコミカルで、感傷的な部分をできる限り切り落としているような客観性が気に入った。

花火を見ているものも欲しかったけどそういうイラストのものは無かった。

売店を出て搭乗ゲートに向かって歩く。

「あぁ。これか」

一体のオブジェを見つけてぼくはバッグからカメラを取り出した。

旅の前に日本で読んだ書籍にはアイスランドは概ね北欧ののんびりとした国だと書かれているものが多かった。

それはぼくが今回の旅で抱いたアイスランドの印象とは少し違った。

アイスランドは熱い国だ。

それは精神的な意味ではなく実際に。

火山国であるから地熱資源が豊富で間欠泉が吹き出てくるし、温泉も至る所にある。

プレートが生まれてくる場所で地面が凸凹している。

大晦日にアホみたいに花火を打ち上げる。

どこに行っても外気の冷たさとは裏腹に地の底からの熱いエネルギーを感じていた。

それは不安定で抑圧されていてぐじゅぐじゅしていて、ある時に地上にものすごいエネルギーとなって吹き出てくる。

今でもストロックル間欠泉が吹き出てきた瞬間を鮮明に思い出せる。

間欠泉が天を突き刺した瞬間、

「なんだこれでいいのか」

そういう風に思わせてくれてぼくは救われた。

ずっとぐじゅぐじゅしてて、熱くて、抑圧されていて、でもある瞬間、誰もが口を開けてどん引きするぐらい吹き上げて一瞬で空に消えて行っていいならば、ぼくがずっとぐじゅぐじゅして抑圧されて恥ずかしいから熱い部分を隠していることも、これから死ぬまでずっとそうであることも救われる。そして、自分でそれを肯定できる。

カメラに収めたのは目がいっちゃってるアイスランドのサンタクロースのオブジェで、ぼくのアイスランドの印象はこの一体のオブジェに集約される。

自分が間欠泉やブルーラグーンや滝や花火を見ていた時、こんな目をしていただろうからである。

人間は欲張りな生き物だ。

安定と安全を求めるくせに、それに飽きると不安定と危険が恋しくなる。

死にたくないけど生きてるって実感したい。

たまには瞳孔が開くことでもないとやってられないのである。

Optical Studio
ELKO

あとがき　コロナ後の東京

新型コロナウイルスの影響で緊急事態宣言が発出される1週間ほど前のこと、テレビの収録方法は様変わりしていた。この日はビジネスホテルの一室に一人で入り、収録はテーブルに用意されていたパソコンとGoProに向かって話した。収録が終わると、スタッフの置き手紙に書いてあった手順でパソコンを閉じ部屋を出た。誰とも会わずに収録を終えて、これが本当にテレビで放送されるのだろうか？と不思議な気持ちだった。

帰り道、車で銀座を走っていると街はゾンビ映画のように閑散としていた。まさに世界の終わりのようだった。大手デパートは営業を休止していて、有名ブランド店のシャッターは軒並み閉まっていた。その光景を見てなぜか胸の鼓動が早くなった。俺は車を路肩に寄せて路上のパーキングメーターの前に停めた。そして、常に車の後部座席に置いてある一眼レフを手に取って外に出た。

夕方過ぎだというのに、通行人はほとんどいなかった。CHANEL、LOUIS VUITTON、STARBUCKS、Apple、FENDI、GUCCI。それらの店舗の閉ざされた入り口に向かって夢中でシャッターを切った。神に誓ってドキドキなどしていなかった。そんな不謹慎な話はない。俺は記録、教訓としてシャッターを切っていた。コロナを止めなくてはならない。経済を止めてはならない。そうですよね、神様？

「キューバに似てる」

写真を撮りながらそう思った。なぜそう感じたのだろう？　理由は簡単だった。目に入る商品が少なかったからだ。まず店が閉まっているし、防犯のためショーウインドウの中に商品が展示されていなかった。街を歩いている時に目に入る商品の少なさが、社会主義国であるキューバに似ていた。そして何より、緊張している自分のテンションが一人でハバナを歩いている時に近かった。

一流ブランドのバッグは丈夫だ。革が強い。糸がほつれない。体にフィットする。デザインが良い。企業の製品へのこだわりと想い、職人のプライドは知れば知るほど尊敬の念が込み上げてくる。そして、今認知されている一流ブランドも最初はみんな弱者で挑戦者だった。そこまでは知ったつもりだった。それなのに、なぜ俺は閉ざされた一流ブランドの玄関を見てドキドキしていたのだろうか。

「消費の目的がモノからコトへ変わる」

そういう文脈のネット記事をよく見かけた。俺は、バブルから今日まで続いた顕示的消費が、いよいよ冷や水を浴びせられるかもしれないことにドキドキしていたのだろうか。

「コロナで価値観が変わる」

そういう見出しのネットニュースを自粛期間中に大量に目にした。なぜ価値観が変わるのだろうか？　それは、今までの生活がコロナ下の生活と比較されたからだ。相対化されて良い部分とそうではない部分の輪郭が明瞭になる。単一の環境にずっと身を置いていると、何もかも〝普通〟に感じてしまって良い部分への有り難みと、悪い部分に疑問を持つことを忘れてしまう。事あるごとに「これ普通なのかな？」と首を傾げるような、集団にとって〝めんどくさい〟人以外は。

小学5年生の終わり。校舎の壁にカラーボールを当てて跳ね返ってきたボールをキャッチした奴から抜けられるという遊びをしていた。最後の一人に残った奴は、何か秘密を言わなくてはいけない。残った奴は、クラスで好きな子や嫌いな生徒の名前を言っていた。

俺はこの遊びが好きだった。だが、小学6年生になった時に、その遊びをする者はいなくなった。学校が終わるとみんなが向かった場所は進学塾だった。時代はバブルが弾ける直前。日本にお金がたくさんあった頃の話。中学受験ブームだった。あの遊びをやめさせたのは一体誰なのだろうか。

高校の放課後、俺たちは毎日中庭でバスケをやっていた。高校3年生になるとバスケをやる奴は一人もいなくなった。みんなが向かった先は進学塾だった。一人でスリーポイントシュートを打っている時に湧いてきた疑問。バスケをやめさせたのは誰なのだろう。

20代の頃は金がなくて、飲みに行っても割り勘分を払う能力がなくて惨めな気持ちになるので、高校の友達とは会わなくなった。それから10年が経った30代の半ば、正々堂々と旧友に会える自分になれた気がしたので、友達の結婚式の二次会に参加した。そこで、久しぶりに会った旧友とのテーブルで収入をしつこく聞かれた。「本当にがんばったね」そう言ってもらえることをどこかで期待していた俺は甘かった。あまりにもしつこく収入を聞かれるので、めんどくさくなってハッキリと年収を言った。返ってきた言葉は「ズルい」という言葉だった。言った相手は20歳の頃に俺が「芸人になる」と言った時、応援してくれた奴だった。金がなくても居心地が悪いし、あっても居心地が悪い。帰り道は少しだけ寂しかった。そんなものだと割り切れれば、どこにでもある、なんてことはない話だ。でも、一体誰の仕業なのだろう。

4年前。親父が死ぬ10日前に家族に一斉送信したメールに〝みんなと逢って〟〝自分の命より大切なもの〟という文言があった。

逢う？　自分の命より大切？

親父が死んで、〝自分は逢っていないのではないか？〟〝自分の命だけを大切にしているのではないか？〟という疑念が生まれた。そして、終戦直後から、高度経済成長、バブル、失われた二十年と生きた親父の人生をもっとよく知りたくなった。

２０１６年4月、親父が死んで火葬場での待機時間。親戚との会話。

「親父、入院していた時に60歳まで毎日遅くまで飲んでタバコ吸ってたって、そのツケが回ってきたって言ってました」

「そういう時代だったんだよ。みんな遮二無二仕事して毎日お酒飲んでタバコ吸ってたんだ」

俺は、親父が生きた〝みんなが遮二無二働いて毎日お酒を飲んでいた時代〟というのが気になって、家庭教師を雇って終戦から今日までの日本について教えてもらった。終戦直後からこの国が目指してきたものは一体なんだったのだろうか。バブル崩壊から今日まで、なぜ失われた二十年、三十年と言われるのだろうか。教わって行くうちに、親父が生きた時代の輪郭が見えてきた。そして、なぜ小5のカラーボールの遊びは終わったのか、なぜ高3になったらみんなバスケをしなくなったのか、なぜ30代半ば頃にした収入の話が居心地が悪かったのか。俺はそれが誰の仕業なのか、ついに突き止めた。そして、なぜ、結婚相手にスペックなんて言葉を使う人が出てくるのか。なぜ、マウンティングなどという言葉が日常で使われるのか、それらは経済状況と密接に関わっていると感じることができた。今から15年前ぐらいにメディアでよく使われていた〝勝ち組負け組〟なんて言葉にも、経済の低迷を打破するために格差を選択したこの国の経済システムがしっかりと反映されていた。

俺はこれが結構意外だった。30代後半までこんなことを知らなかった自分もおめでたいけど、当時の２０１６年の自分はちゃんと２０１６年の新自由主義下の俺であり、格差社会の下の俺であり、失われた二十年が続いている状況下の俺であった。親父が幸せだったかどうかを考えたことで、この国（この世界の大部分）が選択してきたシステムを知り始めた頃だった。

２０１６年のこの国の経済システム上の幸せとはどういうものだろうか？　新自由主義というシステムは競争によって格差を生む。そうなると答えは簡単で、勝ち組になれば新自由主義は様々な恩恵をその勝者に与える。しかしながら「勝ち組だけに恩恵を与えるものではないですよ」と新自由主義は主張する。「社会全体にも競争によって生み出された産物による恩恵がありますよ」と謳う。それは、勝者と敗者を分ける熾烈な競争の賜物として、洗練された商品やサービス、この国の世界でもトップクラスのインフラ、それらに囲まれてみんなが生活できますよというメリットだ。それらの恩恵を確かに受けているし、それはとても快適だ。

しかしながら、新自由主義が生む熾烈な競争はいとも簡単に人と人を分断する。分断して競争させた方が、経済が盛り上がるからだ。だから、30代半ばの結婚式の二次会で

「先を越された」とか「一杯食わされた」という言葉が生まれる。そういう言葉を受けるのは、俺がそういった薄い人間関係しか作れないような男だからかもしれない。だが、経済とは無関係の次元で、心の深いところで理解し合っていると信じられるたった数人の〝友達〟とは、一体どういう繋がりなのだろうか。

　親父は、会社員という立場で高度経済成長、バブル、バブル崩壊後を生きた。それはもしかしたら、資本主義の華の時代、それからちょっと落ち着いた時代だったのかもしれない。そして、経済とは別に、人間の普遍的な幸福を目指していた。だから、死ぬ間際に家族に対して〝逢う〟や〝自分の命より大切なもの〟という言葉が出てきたのだろう。

　経済システムに自分の生き方がこんなにも影響を受けている（というか自分なんて概念はとても曖昧で、外部からの影響が相当大きい）ことに驚いた。そして、一人の人間の価値観が、その時代やその国のシステムの影響を強く受けるとしたら「他の国はどうなのよ?」と気になった。そこで、まずは新自由主義の対極と言っていいであろう社会主義のキューバにどうしても行きたくなったのだ。

　キューバには社会主義を、モンゴルには定住しない家族を、アイスランドには自然を見に行った。

　どんなことを感じたかはこの本に書いた通りなのだが、3カ国に行って日本の素晴らしさにもたくさん気づけた。なかでも、日本人の集中力の高さには本当に驚いた。街が清潔だし、歩いていても臭いと思うことがほとんどない。道路に穴が空いていない。ゴミも定期的に収集される。京都のお寺、和食の彩り、諸外国に比べて災害時の暴動や略奪が少ない。商品がたくさんあって、ライフラインがしっかりしている。この本のキューバの最終章にも書いたが、それらには日本人の集中力の高さを感じた。

そして、3カ国（厳密に言うと、今まで行ったアメリカをはじめとする海外の国全部）とこの国を比べて俺が一番驚いたのは、この国が〝世間〟を強く信じているということだ。

本当に他人のことをよく見ているし、他人に見られていることを意識している。「あの人会社でこうらしいよ」「あの人今こんな人と付き合っているらしいよ」「あの人時計買ったらしいよ」「あの人Twitterにこんなこと書いてたよ」「あの人Instagramにこんなの載せてたよ」そういう、あの人、あの人、あの人……の連続。それが世間だ。本当にこの国の人は、他人のことを良くも悪くもあれこれ言っている。勿論、自分も含めて。

そうやって世間を信仰しているからこそ、マナーをよく守り、街が清潔で、非常事態に陥っても略奪や暴動が諸外国に比べて少ないという素晴らしい側面も確かにある。

この国ではしっかりと世間を信じれば、世間に大事にされる。しかし、世間をひとたび裏切れば大変なことになる。毎回、海外一人旅の帰りに成田や羽田に着陸してスマホを開きネットニュースを見ると、必ず有名人の誰かが不祥事で叩かれていた。それが、数日間海外にいて国内のニュースから離れていただけで、俺の目には異常に映った。それは、俺が芸能の仕事をしているからだけではないだろう。それから、海外からの帰国便で機内の窓から眼下の東京を見る度に、世間を裏切った人が体を縛られて吊るされ、それに向かってずだ袋を被った大勢の人たちが延々と投石している白昼夢を毎回見た。世間を信じていない自分はいつかそれがバレて、次は自分が吊るされる番なのだと着陸の度に冷や汗をかいていた。今日からまた、世間を信じていないのが絶対にバレないように生きていかなくてはならない。

この国は世間を信仰している。それが、俺が3カ国に行って感じた一番大きい他の国との違いだ。

この国で、生き辛い人とはどういう人のことだろうか？

俺は、幼稚園の時にどうしてもみんなで「大きな栗の木の下で」を歌うのが嫌で、勝手に家に帰ってしまう子どもだった。小中高と集団行動が苦手で、でも単独行動が許されるような特別な才能は持ち合わせていなかった。ヤンキーにもナードにもなれなくて、クラスの一軍に気を使ってコソコソとし、でも仲間内では偉そうにしているような小狡い男だった。

この国で世間の空気を読まなくていい人間は、一目でわかるほどの圧倒的な何かを持っていなくてはならない。それを持っていないならば、多数派に身を寄せつつ自分の位置を把握して空気を読んでいればそう生き辛くはない。だがしかし、自分の位置を弁えず少数派の意見を貫こうとする時に、空気はもの凄い勢いで頭を揃えようとしてくる。圧倒的な何かを持っているか、圧倒的に空気が読めない鈍感さを持ち合わせていれば、やっていける。でも、少数派のくせに繊細で、出る杭のくせに打たれ弱くて、口が悪いのにナイーブで、それなのに多数派に賛同できなかったら、こんなに生き辛い国はない。そういう人間を世間は本当に放っておかない。

この国が世間を信仰するようになった理由が、農耕民族であったり、八百万の神であったり、島国であったり、村社会であったり、なんなのかはよくわからないが、とりあえずこの国の世間は一様を好むことは確かだ。異物や異端を受け入れる幅はかなり狭いと思う。家庭教師に戦後の日本の流れを教えてもらっていた時に、俺は世間と一億総中流は〝頭を揃える〟という特性上、相性が良かったのかもしれないと感じた。でも、この国の〝世間の信仰〟と新自由主義が生む〝格差と分断〟の相性は格別に悪いと思う。でも、世間は言う「空気を読め」と、新自由主義は言う「個性で稼げ」と。

10代の頃から本当にずっと疑問だった。「空気を読めばいいのか、個性が大事なのか、どっちなんだよ」。

小学校に上がる前、幼稚園児だった俺は上野のおもちゃ屋で、プラモデルの箱を両手で掴んで顔に近づけ夢中で眺めていた。そこに描かれた言葉を失うほど洗練されたレーシングマシンの絵。なんてカッコいいのだろう。でも、親に「買って」とは言えない。きっと買ってはくれないだろう。

すると、目の前から突然プラモデルの箱が消えた。走り出した人影は同じ歳ぐらいの子どもで、びっくりした俺はその背中をただ目で追っていた。箱を取られた時の衝撃で手をじんじんとさせたままだった。箱を奪った子どもはそれを親に見せてねだっているようだった。

しかし、なんで俺は箱を取り返しにいかないのだろう。なんで、俺はここに突っ立っているだけなのだろう。

つい最近まで、自分のことを鈍感な功利主義者にずっと生き辛い想いをさせられてきた人間だと思っていた。そういう人間に何か言われた時に、何も言い返せずにただヘラヘラと笑ってごまかして来た。そういう人生だった。だから、ズル賢くなって、勝ち続けている人が油断している隙に、火事場泥棒のようにプラモデルの箱を少しずつ奪い返すような小狡い生き方をしてきた。

たまに動物園に行って長時間サル山を眺めているのが好きだ。自粛期間で外に出られない暇な日にネットでサル山の動画を見ていた。投げられた餌を摑んだ猿が、その猿より体が大きな猿に餌を横取りされた。横取りされた小さい猿はすぐに大きい猿を追いかけた。しかし、奪って逃げた大きい猿は突然止まって餌を食べ始めた。すると、追いかけていた小さい猿も追いつける筈なのに突然立ち止まった。そして、餌を食べている大きい猿を少し離れたところでじっと見ていた。なぜ、追いついて捕まえて戦って餌を取り返さなかったのだろう。答えは明白で絶対に負けるからだ。神様は本当に弱肉強食・適者生存の勝者が好きだ。競争させて勝者を選び優遇する。そして、また競争させてそれを見て楽しんでいる。

自粛期間の真っ只中でこんなセリフを知り合いから聞いた。

「中国に知り合いがいてマスクが手に入りそうだからもし必要なら言ってね」

コロナ以前であろうが以後であろうが、富の山から多めにぶんどる奴はぶんどる。違いといえば、ぶんどる物が金かフォロワー数かマスクかぐらいの差だ。俺もぶんどっているし、ぶんどられてもいる。それが嫌でナイーブな少数派の理想主義者で集まったって、そこでまたヒエラルキーが発生して、ぶんどる奴とぶんどられる奴に分かれる。モノだって持てる者と持たざる者に分かれたんだから、消費がモノからコトに移ったって持てる者と持たざる者に分かれて、きっと持てる者がまたそれを見せびらかすだけだ。

数日の海外旅行に行こうが、コロナ後の世界の価値観が変わろうが、これからもサル山の序列と新自由主義の競争を生きていかないといけない現実に変わりはない。でも、なんで昔からそれがこんなに納得できないのだろう。カラーボールを一人で持って立っていた小学生の時から全然納得できない。

サル山の掟と新自由主義のせいで、こんなにも心と心が通じ合う瞬間が奪われている。絶対に、それらから自由になれる隠しコマンドがある筈だ。夕方のキューバのハバナ湾沿いで、楽器を奏で合う人たちの笑顔。モンゴルのゲルの中で写真を撮る時に笑い合う家族。アイスランドの凍った池の上で一人スケートをしていた人。

3カ国に行って感じた、サル山と資本主義の格差と分断から自由になれる隠しコマンド。俺にとってそれは〝血の通った関係と没頭〟だった。

傷つけば血が流れる、その繋がりのことを言っている。だから、似たようなことで傷ついてきた者同士が出会ったり、共通の敵と戦った者同士であったり。そういう絆には経済を越えて強い結びつきがある。そういう絆は何も実生活で繋がりがある人間とのものだけじゃない。自分と同じような傷を持って生きてきた人がしたためた一冊の本かもしれないし、会った事もない歴史上の人物かもしれない。リング上のレスラーかもしれないし、ステージ上のラッパーかもしれないし、ラジオ番組のパーソナリティかもしれない。そういった存在との血の通った関係は、生き辛い道のりを歩く灯火になる。

「自信を持ちなさい」子どもの頃からずっと言われてきた言葉だ。でも、俺はずっと自信の持ち方がわからなかった。言われてすぐに持てるものならばどうか持たせてくれと若い時はずっと思っていた。自信は、努力して何かを成し遂げたら持てるものだと、いろんな人が言っていた。だから「努力しなさい」と。結果を出し続けられる人はきっといそうなのだろう。だけど、俺にとって、それは次の挑戦で失敗したら崩れ去ってしまう脆いものだ。

自信はいい。競争で何度負けても、次の挑戦に向かわせてくれる。それが、喉から手が出るほど欲しかった。でも、手に入らなかった。

なぜ俺は〝血の通った関係と没頭〟に巡り会うことができたのだろうか。〝自意識過剰でプライドが高く、協調性もない。少数派のくせに一人で立つ勇気を持たず、出る杭のくせに打たれ弱くて、口が悪いのにナイーブで、それなのに多数派に賛同できない〟そういう自らの欠落にずっと生き辛い思いをさせられてきた。だから、苦しみから逃れようと寄り道をたくさんした。その寄り道の先で〝血の通った関係や、勝ち負けが届かない次元にある仕事や趣味〟に出会ったのだ。真っ直ぐに歩いていたら、そのどれとも出逢えなかっただろう。それに気づかせてくれたのは、過去の俺の著書を読んだ血が通った関係の人からの感想だった。「いっぱい悩んで生きてきてくれてありがとう」「これからもたくさん悩んで生きてください。それが、私を生かすから」。

まさか、自分の欠落に苦しんできたことが、誰かを生かすなんて思いもよらなかった。初めて自分の欠落に感謝した。

俺にとっての自信とは、欠落があったからこそ巡り会えた価値だ。

それがあったからこそ、血が通った関係や仕事や趣味に出逢えた。そして、それはサル山の序列と経済と世間が届かない場所まで俺を運んでくれる。

その恩恵に気づいてから、俺は人格を否定されることがあまり怖くなくなった。それは、俺を血が通った関係や没頭に出逢わせてくれたものだから。

そもそも、欠落と呼んでいるものすら、新自由主義や資本主義というフィルターを通してそう査定されているに過ぎない可能性もある。それは、別の時代や別の経済システムでも同じように欠落と呼ばれるかはわからない。例えば、今日の新自由主義では〝お人好し〃ということすら欠落だと評価されることもある。

俺は、ずっと自分の内面ばかりを覗き込んで他人を見てこなかった。そういう人間は世間に「自意識過剰」「考え過ぎ」と嘲笑されるけど、それは内面を覗き込む必要がない強い人の無理解だ。内面ばかりを覗き込む必要がある人は「なぜもっとスムーズに生きられないのだろう？」という想いを抱えている。だから、自分の内面を限なく覗き込んで一体どこに問題があるのかずっと探している。

生き易い人は内面をそこまで覗き込む必要がない。スムーズな走行をしている車のボンネットを開ける必要はないからだ。だから、生まれつき生きるセンスがある人は最初から外に目が向いている。外の人、外の仕事、外の楽しそうなこと。人生を楽しめる。対して、ボンネットを開けて中の構造ばかり見ている人は「あの人なんで自分の内面ばかり見ているの？」と世間に気味悪がられる。

俺はボンネットを開けて欠落の構造を自分なりに理解した時に、これからもずっと生き辛いだろうし、そして、これからも大切な価値にたくさん出逢うだろうという諦念と感謝が同時に生まれた。その感情が芽生えてからは、内面を覗き込む時間が少なくなっていった。めんどくさいけど走ってみるかと走り出すと、外に目が向けられるようになっていった。すると、他人への興味が急激に湧いてきた。人それぞれの欠落と武器を兼ね備えた個性は、どれもエモーショナルで学ぶべきところが必ずあった。そして、外の景色をよく見てみるとクソみたいなことで溢れていたし、没頭できる楽しそうなことでも溢れていた。

新自由主義と資本主義の中で生きていくことは、格差と分断の中で生きていくことだから基本的にはずっと生き辛い。時に資本主義の外的価値に心を乗っ取られ、時に血が通った関係と没頭によってそれを打破する。それを繰り返していくしかないのだろう。

「次はどこの国に行きたいですか？」

そういう質問もコロナがやってきてからパタッとなくなった。でも、もう行きたい国は思い浮かばない。没頭を味わいに行きたい場所はあるけど、この国と比較してみたい国はもう思いつかなくなっていた。それは、探していたものが見つかった手応えがあるからだ。血が通った関係と没頭が最高なのは、キューバもモンゴルもアイスランドもコロナ後の東京も多分一緒だから。

その確信を、新自由主義の競争で誰かを傷つけて貰ったお金を使って俺は見てきた。

POLA
MIZUNO

解説――解説の場を借りた個人的な手紙

DJ松永

もう10年ほど前になるんですね。俺はあなたのラジオを聴いていました。芸能界という遠い別世界にいるはずのあなたが、まさか自分と同じような傷を負っているなんて驚きました。俺が平凡な日常で感じて来た、格好悪くて、情けなくて、後ろめたくて、ちっぽけで、恥ずかしいあまりずっと蓋をしていた気持ちを、あなたは話していましたね。誰かと分かち合えるようなものだなんて、それまでは知りませんでした。ずっと傷ついてないフリをすることで周りから身を守っていた俺が、まだこっそりでしたが、隠していた傷を初めて見せることの出来た相手があなたでした。

あなたはいつも、他の誰もいない場所で、俺だけに心の内を話してくれていたようでした。俺は安心して、あなたと同じだけ心の内を話しました。あなたはいつでも「そのままで良いよ」と言ってくれました。日常のどんなことに傷つけられても、あなたの元へ逃れることさえ出来れば救われました。あなたは気付いていないでしょうが、あなたが別の仕事をしている時も、食事をしている時も、遊んでいる時も、寝ている時も、四六時中あなたは俺を慰めてくれました。俺はあなたに頼りっぱなしでした。あなたという存在が、辛い日常から逃れることの出来る唯一のシェルターでした。

ＤＪプレイの出来がボロボロで自信を無くしクラブを後にする時も、ＳＮＳを見て周りと自分を比べて絶望した時も、友人や先輩に心ない言葉を浴びせられながらも表情筋を酷使してギリギリ笑顔を浮かべ受け身を取った帰り道も、音楽で生活してると思われたくてこっそりやっていたバイトへ向かう道中も、女性に気に入られたい一心でカラ回って逆に嫌われてしまったんじゃないかと自己嫌悪に陥ってる時も、数え切れないほど無数にある学生時代の古傷が傷んだ時も、シェルターで待ってくれているあなたは、いつも「分かる、分かるよ」と肯定してくれていました。

あなたが山里亮太さんとやっていた「たりないふたり」は、社交や恋愛といった己のたりなさを漫才やコントに昇華させていましたね。こんなにも後ろめたくて隠したくてしょうがなかったはずの想いや出来事が、エンターテインメントになって人々を楽しませられるという事実に衝撃を受けました。そのままの俺で良いんだ、そのままの俺こそが良いんだと。

２０１５年、俺は相方とCreepy Nutsとして１枚目のアルバムを作っていました。最初の作品は自分たちの人間性が伝わった方が良いだろうと考えた俺たちは、あなたと山里さんを自分らと重ね合わせ、心いっぱいのリスペクトを込め「たりないふたり」という曲を作りました。そして、それをアルバムタイトルにしました。俺たちは、本家「たりないふたり」のように己の傷を武器にし、ヒップホップ業界で戦っていくことを決意したのです。

２０１６年、アルバム「たりないふたり」はリリースされました。俺が音楽だけで生活が出来るようになったのは、そこからです。こっそり行っていたバイトも辞めました。あなたがあの日傷を見せてくれたからこそ、俺も人に傷を見せる勇気を貫い、生まれた作品です。あなたが売れて風呂無しから引っ越すことが出来た時、家の湯船に浸かりながらガッツポーズをしたと言っていましたね。俺はユニットバスでしたが、トイレ別の湯船に浸かった時にガッツポーズしましたよ。あなたが自覚なく蒔いた種が、あなたの知らないところで芽を出したんです。もし、あなたにそれを知ってもらえることがあったなら、どんなに幸せか。

そんな下心が湧き始めていた、ある日のことでした。あなたは俺たちをご飯に誘ってくれました。俺にどうやったらコンタクト出来るか探してくれたみたいで、２〜３人ぐらい間を挟み、連絡をくれましたね。これが現実に起こっていることなんて思えませんでしたよ。当日お店に向かう道中、近づくにつれ身体に力が入らなくなり、近くのコンビニで一度へたり込みました。緊張し過ぎて、それ以降のことはあまり記憶にないのですが、体がよほど強張っていたのか、翌日全身が筋肉痛になっていたのは覚えています。

　そこからあなたはずっと俺のことを気にかけてくれるようになりましたね。また一緒に何度もご飯を食べに行ってくれたし、相談にも乗ってくれたし、あの日自分だけに打ち明けてくれたと勘違いさせてくれたような話を、本当に俺の目の前でしてくれましたね。生涯を共にするであろう親友を紹介してくれたのも、あなたです。ラジオに呼んでくださったのも夢のようでした。あなたとブースで会うのは感慨深いどころの騒ぎじゃないです。当日は気負い過ぎて、角が立つような話を沢山してしまいました。

　２０１８年、あなた達のラジオ番組が翌年に10周年を迎え、それを記念した武道館ライブをやるから、そのテーマ曲を作って欲しいと連絡をくれましたね。作るからには企画で作ったなんて思われたくない。俺のこれまでの想いを短い間で消費されるようなことに絶対なってはならないし、自分達とあなた達が一生掛けて背負えるような曲にしたいと思い、「よふかしのうた」を作りました。

　２０１９年の11月、「たりないふたり」による5年ぶりのライブ、「さよなら たりないふたり」がありましたね。勝手に「たりないふたり」の名前を拝借してアルバムを作り、それで世に出た俺たちが、本家にテーマ曲を書き下ろすことになりました。当時本家の２人を自分たちに置き換えて書いた歌詞を、現在の本家２人へ更に置き換え直し、相方が歌詞を書き上げました。

この3年で起きた奇跡のような出来事。あなたにはどう感謝を伝えたら良いか、どう恩返しをしたら良いか分からないです。そんな俺に、あなたは「ただ健康でいてくれれば良いから」と言ってくれましたね。本当にそれだけで良いなんて思えるでしょうか。

ありがたいことに、すっかり俺らの立場や環境は変わりました。あなたのおかげで、もうあの頃と同じ形の「たりないふたり」ではなくなりました。そこで俺が迷わなかったのは、あなたがその間もずっと誠実で、正直で、真摯だったからです。あなたは、自分が変わってしまうところ、期待を裏切ってしまうところ、ズルいところ、全てを打ち明けられないこと、それら全てを打ち明けてくれましたね。人はずっと同じ形ではいられないのですね。あなたは、本当の意味であなたでい続けました。あなたのその姿が、どんなに自分や時代が変わっても、どこに行っても、あの日と全く変わらず、俺に「そのままでいいんだよ」と言ってくれていました。

俺は誓いました。あなたのように生々しく生きていこうと。自分の為に。ただそれだけ。どんな形であれ、それが回り回って結果的に誰かを救うことがあるかもしれない。誰かの為ではないことが、誰かの為になることがある。俺はあなたから、そう教わりました。

これが文庫本の解説としてふさわしいのか分かりません。2016年にアルバム「たりないふたり」を出した直後、あなたへの手紙を書き、ニッポン放送へ送ったことがあります。それが実際にあなたへ届いたかどうかは一度も確認してませんし、届いていなくても大丈夫です。

２０２０年9月に、これを書いています。２０１６年当時に書いた手紙に、更に続きを書き足したようなものです。当時は、あなた以外のスタッフにすら絶対読んで欲しくなくて、未開封のままあなたの元へ届くように祈りました。しかし、今はこうして公衆の面前で、自分の素直な気持ちを恥ずかしげもなく晒せるようになりました。これもあなたのおかげです。

２０２０年11月12日、あなたが立った武道館の舞台に、俺も立ちます。あなたに生かされ、導かれた人生です。これは俺一人がどうというわけではありません。俺のようにあなたに救われた人が確実にいるということを伝えたいです。あなたがこれから何をやろうと、何をやめようと、何に悩もうと、何に悩まなくなろうと、何がどう変わろうと、ただ生きてるあなたが常に俺や色んな人を生かします。あなたに何か背負わせたいんじゃないです。常にその時のあなたで良いです。もし俺がこれからのあなたに求めることがあるとしたら、それはただ一つだけ。

若林さん、健康でいてくれれば良いです。

（Creepy Nuts DJ）

写真　若林正恭

本書は、二〇一七年七月にＫＡＤＯＫＡＷＡから刊行された単行本に、「モンゴル」「アイスランド」「あとがき　コロナ後の東京」の三編の書き下ろしを加えて、文庫化したものです。

ＤＴＰ制作　エヴリ・シンク

Ｐ192「分人」／平野啓一郎著『私とは何か「個人」から「分人」へ』（講談社現代新書）より

文春文庫

表参道《おもてさんどう》のセレブ犬《けん》とカバーニャ要塞《ようさい》の野良犬《のらいぬ》

定価はカバーに
表示してあります

2020年10月10日　第1刷
2024年4月25日　第13刷

著　者　若林正恭《わかばやしまさやす》
発行者　大沼貴之
発行所　株式会社　文藝春秋

東京都千代田区紀尾井町 3-23　〒102-8008
TEL　03・3265・1211㈹
文藝春秋ホームページ　http://www.bunshun.co.jp
落丁、乱丁本は、お手数ですが小社製作部宛お送り下さい。送料小社負担でお取替致します。

印刷・大日本印刷　製本・加藤製本
Printed in Japan
ISBN978-4-16-791582-7

（　）内は解説者。品切の節はご容赦下さい。

安西水丸
ちいさな城下町
有名無名を問わず、水丸さんが惹かれてやまなかった村上市・行田市・中津市・高梁市など二十一の城下町。歴史的事件や人物の逸話、四コマ漫画も読んで楽しい旅エッセイ。（松平定知）
あ-73-1

赤塚隆二
清張鉄道1万3500キロ
「点と線」「ゼロの焦点」などの松本清張作品を「乗り鉄」の視点で徹底研究。作中の誰が、どの路線に最初に乗ったのかという「初乗り」から昭和の日本が見えてくる。（酒井順子）
あ-89-1

植村直己
エベレストを越えて
一九八四年二月、マッキンリーに消えた不世出の冒険家が、一九七〇年の日本人初登頂をはじめ、五回にわたる挑戦を通じて人類を魅きつけてやまないエベレストの魅力のすべてを語る。
う-1-5

植村直己
青春を山に賭けて
エベレスト、モン・ブラン、キリマンジャロ、アコンカグアなど五大陸最高峰の世界初登頂の記録と、アマゾン六千キロに挑むイカダ下り。世紀の冒険野郎の痛快な地球放浪記。（西木正明）
う-1-6

植村直己
極北に駆ける
南極大陸横断をめざす植村直己。極地訓練のために過ごした地球最北端に住むイヌイットとの一年間の生活、彼らとの友情、そして大氷原三〇〇〇キロ単独犬ぞり走破の記録！（大島育雄）
う-1-7

岡田光世
ニューヨークのとけない魔法
東京とニューヨーク。同じ大都会の孤独でもこんなに違う。お節介で、図々しくて、孤独な人たち。でもどうしようもなく惹きつけられてしまうニューヨークの魔法とは？（立花珠樹）
お-41-1

大竹昭子
須賀敦子の旅路
ミラノ・ヴェネツィア・ローマ、そして東京
旅するように生きた須賀敦子の足跡を生前親交の深かった著者がたどり、その作品の核心に迫る。そして、初めて解き明かされる作家・須賀敦子を育んだ「空白の20年」。（福岡伸一）
お-74-1

（　）内は解説者。品切の節はご容赦下さい。

角田光代
降り積もる光の粒
旅好きだけど旅慣れない。そんな姿勢で出会う人や出来事。三陸からアフリカ、パリ、バンコク。美食を楽しむ日もあれば、世界最貧国で危険を感じる。旅にまつわる珠玉のエッセイ。

か-32-14

角幡唯介
探検家の憂鬱
チベットから富士山、北極……。「生のぎりぎりの淵をのぞき見ても、もっと行けたんじゃないかと思ってしまう」探検家・角幡唯介にとって、生きるとは何か。孤高のエッセイ集。

か-67-1

角幡唯介
極夜行
太陽の昇らない冬の北極を旅するという未知の冒険。極寒の闇の中でおきたことはすべてが想定外だった。犬一匹と橇を引き、4カ月ぶりに太陽を見たとき、何を感じたのか。（山極壽一）
か-67-3

角幡唯介
極夜行前
天測を学び、犬を育て、海象に襲われた。本屋大賞ノンフィクション本大賞、大佛次郎賞をW受賞した超話題作『極夜行』。その「エピソード1」といえる350日のすべて。（山口将大）
か-67-4

沢木耕太郎
貧乏だけど贅沢
人はなぜ旅をするのか？　井上陽水、阿川弘之、群ようこ、高倉健など、全地球を駆けめぐる豪華な十人と、旅における「贅沢な時間」をめぐって語り合う。著者初の対談集。（此経啓助）
さ-2-18

原田マハ
ハグとナガラ
女同士は四十代を過ぎてからが面白い!?　大学時代の同級生で十四年ぶりに再会したハグとナガラ。転職、別離、介護……。人生半ばを前にした、女ふたりの六つの旅物語。（阿川佐和子）
は-40-5

星野道夫
旅をする木
正確に季節が巡るアラスカの大地と海。そこに住むエスキモーや白人の陰翳深い生と死を味わい深い文章で描く。「アラスカとの出合い」「カリブーのスープ」など全三十三篇。（池澤夏樹）
ほ-8-1

（　）内は解説者。品切の節はご容赦下さい。

星野道夫
長い旅の途上
シベリアで取材中、クマに襲われて亡くなった著者が残した76篇のエッセイ。過酷な大地を見守り続けた写真家が綴った、人間と自然が織りなす緊張感に満ちた優しい眼差しと静謐な世界。
ほ-8-2

星野道夫
魔法のことば　自然と旅を語る
アラスカに魅了されて大自然と動物、人々の暮らしを撮りつづけた星野道夫が、青春の日々からアラスカの四季、人々の叡智までを語った全十本の講演集。カラー写真多数収録。（池澤夏樹）
ほ-8-3

星野道夫
森と氷河と鯨　ワタリガラスの伝説を求めて
アラスカに伝わる〝ワタリガラスの神話〟に惹かれて始まった旅は、偶然の出会いから、思いがけず遠大な帰郷の航海になった。星野道夫が遺した魂の旅の記録。カラー写真満載。（池澤夏樹）
ほ-8-4

星野博美
転がる香港に苔は生えない
中国返還直前の香港。街の安アパートに暮らす著者が、夢を見続けることをやめない香港の人々の素顔を追った、二年間の記録。第三十二回大宅壮一ノンフィクション賞受賞作。
ほ-11-2

村上春樹・吉本由美・都築響一
東京するめクラブ　**地球のはぐれ方**
村上隊長を先頭に、好奇心の赴くまま「ちょっと変な」所を見てまわった、トラベルエッセイ。挑んだのは魔都・名古屋、誰も知らない江の島、ゆる〜いハワイ、最果てのサハリン……。
む-5-8

横尾忠則
インドへ
ビートルズに触発され、三島由紀夫に決定づけられて訪れたインド。芸術家の過敏な感性をコンパスとして、宇宙と自己、自然と芸術を考える異色旅行記。カラー口絵二十二ページ付。
よ-2-1

若林正恭
表参道のセレブ犬とカバーニャ要塞の野良犬
「別のシステムで生きる人々を見たい」。多忙な著者は5日間の夏休み、一人キューバに旅立った。特別書下ろし3編「モンゴル」「アイスランド」「コロナ後の東京」収録。（DJ松永）
わ-25-1

（　）内は解説者。品切の節はご容赦下さい。

明石家さんま 原作
Ｊｉｍｍｙ
一九八〇年代の大阪。幼い頃から失敗ばかりの大西秀明は、高校卒業後なんば花月の舞台進行見習いに。人気絶頂の明石家さんまに出会い、孤独や劣等感を抱きながら芸人として成長していく。
あ-75-1

内田英治
ミッドナイトスワン
トランスジェンダーの凪沙は、育児放棄にあっていた少女・一果を預かることになる。孤独に生きてきた凪沙に、次第に母性が芽生えていく。切なくも美しい現代の愛を描く、奇跡の物語。
う-37-1

尾崎世界観
苦汁１００％　濃縮還元
初小説が文壇を驚愕させた尾崎世界観の日常と非日常。文庫化に際し、クリープハイプ結成10周年ライブがコロナ禍で中止になった最中の最新日記を大幅加筆。苦味と旨味が増してます！
お-76-2

尾崎世界観
苦汁２００％　ストロング
尾崎世界観の赤裸々日記、絶頂の第2弾。文庫化にあたり「芥川賞候補ウッキウ記」2万字書き下ろし。「情熱大陸」に密着され、『母影』が芥川賞にノミネートされた怒濤の日を加筆。
お-76-3

桂 米朝
落語と私
東京落語と上方落語のちがい、講談・漫談とのちがい、女の落語家は何故いないか等々、当代一流の落語家にして文化人である著者が落語に関するすべてをやさしく語る。（矢野誠一）
か-8-1

春日太一
あかんやつら　東映京都撮影所血風録
型破りな錦之助の時代劇から、警察もヤクザも巻き込んだ『仁義なき戦い』撮影まで。熱き映画馬鹿たちを活写し、東映の伝説秘話を取材したノンフィクション。（水道橋博士）
か-71-1

春日太一
美しく、狂おしく　岩下志麻の女優道
娘役から極道まで、医者志望の高校生が徐々に女優という仕事に取り憑かれていく――時代を先取りした仕事論であり、美の下に滲む狂気が迫る濃厚な一冊。文庫版インタビューも収録。
か-71-4

（　）内は解説者。品切の節はご容赦下さい。

仕事。
川村元気
山田洋次、沢木耕太郎、杉本博司、倉本聰、秋元康、宮崎駿、糸井重里、篠山紀信、谷川俊太郎、鈴木敏夫、横尾忠則、坂本龍一――12人の巨匠に学ぶ、仕事で人生を面白くする力。
か-75-2

理系。
川村元気
世界を救うのは理系だ。川村元気が最先端の理系人15人と語った未来のサバイブ術！　これから、世界は、人間は、どう変わるのか？　危機の先にある、大きなチャンスをどう摑むのか？
か-75-4

東京ワイン会ピープル
樹林　伸
同僚に誘われ初めてワイン会に参加した桜木紫野。そこで織田一志というベンチャーの若手旗手と出会う。ワインと謎多き彼の魅力に惹かれる紫野だったが、織田にある問題がおきて……。
き-47-1

文・堺雅人
堺　雅人
大きな話題を呼んだ、演技派俳優の初エッセイ。文庫版では蔵出しインタビュー＆写真、作家・宮尾登美子さんとの「篤姫」対談や、作品年表も収録。役者の「頭の中」っておもしろい。
さ-60-1

藝人春秋
水道橋博士
北野武、松本人志、そのまんま東……今を時めく芸人たちを、博士ならではの鋭く愛情に満ちた目で描き、ベストセラーとなった藝人論。有吉弘行論を文庫版特別収録。（若林正恭）
す-20-1

藝人春秋2
ハカセより愛をこめて
水道橋博士
博士がスパイとして芸能界に潜入し、橋下徹からリリー・フランキー、タモリまで、浮き沈みの激しい世界の怪人奇人18名を濃厚に描く抱腹絶倒ノンフィクション。（ダースレイダー）
す-20-2

藝人春秋3
死ぬのは奴らだ
水道橋博士
水道橋博士生放送降板事件の真相、石原慎太郎と三浦雄一郎の因縁、大阪の猛獣・やしきたかじんの思い出、涙無くして読めないエピローグなど疾風怒濤のノンフィクション。（町山智浩）
す-20-3

（　）内は解説者。品切の節はご容赦下さい。

高見澤俊彦
音叉
THE ALFEE・高見沢俊彦の初小説！　70年代の東京を舞台に、バンドのプロデビューを控えた大学生たちの青春を恋と当時の洋楽を交えていきいきと描きだす。文庫用エッセイも収録。
た-106-1

中野京子
名画の謎　ギリシャ神話篇
古典絵画はエンターテインメント！「名画の謎」シリーズ、文庫化の第一弾は、西洋絵画鑑賞には避けて通れない「ギリシャ神話」がテーマ。絵の中の神々の物語を読み解きます。（森村泰昌）
な-58-3

中野京子
名画の謎　旧約・新約聖書篇
矛盾があるからこそ名画は面白い！「創世記」からイエスの生涯、『最後の審判』などのキリスト教絵画を平易かつ魅力的に解説。驚きと教養に満ちたシリーズ第二弾。（野口悠紀雄）
な-58-4

中野京子
名画の謎　陰謀の歴史篇
画家が描いたのは、権力へと強欲な手を伸ばし、運命に翻弄され、恋に身を焦がす人間たちの姿。美しい絵に秘められた時代の息吹と人々の思惑をスリリングに読み解く。（宮部みゆき）
な-58-6

中野京子
名画の謎　対決篇
そっくりの構図で裸婦を描いた2枚。片や絶賛され、もう一方は物議をかもした。その理由は？　様々な観点から名画を対決させ、真相を紐解く。絵画の世界は広く奥深い！（岡本弘毅）
な-58-7

中野京子
名画と読むイエス・キリストの物語
あのイエス・キリストの一生を、43点の絵画を通して解説しつつ、その生涯を追う。「怖い絵」シリーズで大人気の著者ならではの、読んで、見て楽しい一冊。（末盛千枝子）
な-58-5

中野京子
運命の絵
命懸けの恋や英雄の葛藤を描いた絵画、画家の人生を変えた一枚……。「運命」をキーワードに名画の奥に潜む画家の息吹と人間ドラマに迫る。絵画は全てカラーで掲載。（竹下美佐）
な-58-8

（　）内は解説者。品切の節はご容赦下さい。

中野京子
運命の絵

若く、美しいバーの売り子。彼女の虚ろな表情が物語る、残酷な現実とは──。名画の背後にある運命のドラマをひもとき、画家の企みと時代のリアルに迫る、絵画エッセイ。（藤本　聡）

な-58-10

中野京子
そして、すべては迷宮へ
もう逃れられない

『怖い絵』や『名画の謎』で絵画鑑賞に新たな視点を提示した著者は、芸術を、人を、どのように洞察するのか？　美しい絵画31点とともに綴る、ユーモアと刺激にあふれるエッセー集。

な-58-9

西川美和
ゆれる

吊り橋の上で何が起きたのか──映画界のみならず文壇でも注目を集める著者の小説処女作。女性の死をめぐる対照的な兄弟の相剋が、それぞれの視点から瑞々しく描かれる。（梯　久美子）

に-20-1

西川美和
永い言い訳

「愛するべき日々に愛することを怠ったことの、代償は小さくはない」。突然家族を失った者たちは、どのように人生を取り戻すのか。ひとを愛する「素晴らしさと歯がゆさ」を描く。（柴田元幸）

に-20-2

西　加奈子
円卓

三つ子の姉をもつ「こっこ」こと渦原琴子は、口が悪く偏屈で孤独に憧れる小学三年生。世間の価値観に立ち止まり悩み考え成長する姿をユーモラスに温かく描く感動作。（津村記久子）

に-22-1

秦　新二・成田睦子
フェルメール最後の真実

世界に37点しかないフェルメール作品。それを動かすのは「フェルメール・マン」と呼ばれる国際シンジケートの男たち。美術展の裏側をリアルに描くドキュメント。全作品カラーで掲載。

は-15-2

橋本　忍
複眼の映像
私と黒澤明

黒澤との共作『羅生門』で脚本家デビューした著者が初めて明かす『生きる』や『七人の侍』の創作秘話の数々。黒澤映画の貴重な一次資料にして、名脚本家の感動の自伝。（加藤正人）

は-38-1

（　）内は解説者。品切の節はご容赦下さい。

辺見じゅん 原作・林 民夫 映画脚本
ラーゲリより愛を込めて
戦後のシベリア強制収容所で過酷な日々を過ごしながら家族や仲間を想い、生きる希望を持ち続けた山本幡男の生涯と夫婦愛を描く。涙なくして読めない究極の愛の実話。映画ノベライズ。

へ-1-5

星野 源
そして生活はつづく
どんな人でも、死なないかぎり、生活はつづくのだ。ならば、つまらない日常をおもしろがろう！　音楽家で俳優の星野源、初めてのエッセイ集。俳優・きたろうとの特別対談を収録。

ほ-17-1

星野 源
働く男
働きすぎのあなたへ。働かなさすぎのあなたへ。音楽家、俳優、文筆家の星野源が、過剰に働いていた時期の自らの仕事を解説した一冊。ピース又吉直樹との「働く男」同士対談を特別収録。

ほ-17-2

星野 源
よみがえる変態
やりたかったことが仕事になる中、突然の病に襲われた。まだ死ねない。これから飛び上がるほど嬉しいことが起こるはずなんだ。死の淵から蘇った3年間をエロも哲学も垣根なしに綴る。

ほ-17-3

松尾 諭
拾われた男
自宅前で航空券を拾ったら、なぜかモデル事務所に拾われた。フラれてばかりの男が辿り着いた先は。自称「本格派俳優」松尾諭、笑いと涙のシンデレラ(!?)ストーリー。　（高橋一生）
ま-43-1

山﨑 努
俳優のノート
舞台『リア王』の出演決定から二年にわたって綴られた、緻密な演技プラン。黒澤明、伊丹十三、岸田今日子らとの魂のやりとり。役作りのすべてを明かした日記文学の傑作！　（香川照之）
や-30-2

若林正恭
ナナメの夕暮れ
世界を疑い続ける面倒な性格を持て余していた著者は、いかにして立派なおじさんになったのか。自分探しは、これにて完全終了！　書き下ろし「明日のナナメの夕暮れ」収録。（朝井リョウ）
わ-25-2

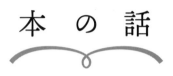